敦煌學論稿
下冊

姜亮夫　著

目次

下冊

敦煌經卷在中國文化學術上的價值

去年聽人傳說一句話：「敦煌材料在敦煌，敦煌學在日本。」平心靜氣的想，這話也近於事實。國人對學術的反映，一向是比較遲緩。十月廿七日，我遭歹徒刺傷後，躺在醫院裡，感觸最多，我自己檢察，「自視缺然」，國內真正敦煌專家，如王重民、向覺民，都因課務繁忙，突擊性工作過多，未能專力於此。我同他們兩位，雖同時在巴黎、倫敦讀這批卷子，但我是自費，沒有他兩位方便，歸國後，又忙於衣食，「餬口四方」，也不曾專力為之。實在辜負得很。

我本來在三臺東北大學時，已著手編譯我所得的卷子，同時也請許多朋友參加這一勝流（見後），我自己搞了一個《敦煌學志》，共分六類，一、《總論》，二、《經籍校錄》，三、《雜錄》，四、《文錄》，五、《韻輯》，六、《敦煌學論文集》。抗戰結束時，六類都有若干成品，解放初期，為了宣傳「敦煌學」，同重民商量，想寫點通俗的小冊子，我把總論部分譯為語體，附上一些圖片，用《敦煌──偉大的文化寶庫》一名出版了，但並未引起重視。其他各部，也僅僅印行了《瀛涯敦煌韻輯》一書（但印數特別少），《敦煌學論文集》也只發表過極

少篇章。其他三錄，則《文錄》是隨時無次序的抄在大號、中號卡片上。「文革」當中，我的讀書卡片、筆記，全部損失，倖存者，只有《經籍校錄》與《雜錄》二種，以個人的業績來說，我應大大滿足，以中國文化學術的大流來說，我是萬分不滿意。在「文革」前，還有王、向兩位好友可以商量，而今後則寫好文章，也未必有人能為我看一看，指正指正，這才真正是文化學術上的損失。

　　這種「人才」缺乏的情況，是我們學術工作者意識到自己的責任，應深切感到恥辱的事。想到這三十多年來，未盡到宣傳之力，所以把這篇短文，重加修改，在中國文化大池裡，投上一個小石頭，讓它不論是大或小，起一個小水紋，自然也許會引起全國上下的重視，使下一次「國際敦煌學」開會時，能有年富力壯的學人去參加，說明中國有人。

　　中國文獻的發現，在歷史上有了好幾次，與文化的關係都極大。一是孔壁古文之發現，形成經學上今古文兩派的分立，影響到學術思想的分岐，以及對古史、古學的爭論，甚至也影響到後世政治、教育各方面的興廢得失，但孔壁古文的本身問題，到現在還是疑獄，恐怕將永久是我們不能解決的疑獄。第二是汲冢竹書，這一次的發現，比孔壁古文可靠得多，而且流傳的東西，也還少經人的纂亂修潤，經過清儒及近代學者的研究，其真價值已漸可評定，但是這一次的發現材料既少，內容也比較簡單，歷代對它們的研究討論雖有，而不曾激起學術界的什麼浪潮，在文化上雖不能說毫無影響，而價值確遠不及孔壁之龐大、深邃。第三應當算西垂竹簡與殷墟甲骨。竹簡在學術文化上的價值，自然遠不及甲骨刻辭，但漢代西垂的歷史社會研究得到了不少的證明，至少也足以與汲冢竹書並論。甲骨文字是近三四十年的大發現，它影響於上古史上古社會的地方，已有王靜安先生、羅振玉

先生及王襄、葉玉森、郭沫若、胡小石、董作賓、徐中舒、楊樹達、
吳其昌、唐蘭諸君的研究，赫然俱在，不容否認，而出土之地又經「中
央研究院」之科學的發掘，本源昭明，不比孔壁之惝怳莫定，這是中
國史上新發現的文獻之最為可靠、最為可寶的一次。然而它的收穫，
只是片斷不明、殘破不全的上古史上古社會的材料，雖可憑藉它以考
證殷商文化殘段，《殷本紀》所載的殷商史事，並可為吉金上史事的旁
證，以及文字衍變的系統，但就不能真的建立起真實殷商史——殷商
社會史的全部，甚至也不能明白顯示周因於殷，損益可知的真像。在
文化上的價值雖高，而不博大，好似是金剛石是白金，而不是今日文
化中離不了的鋼鐵煤炭。至於第四次文獻寶庫的發現，應當是敦煌石
室南北朝以來寫本經卷的發現。這次的發現，規模之大，內容之富，
方面之博，可說是空前，不僅是幾種古經、幾部竹簡之所能比，即數
萬片的甲骨，也當瞠乎其後，它在文化上的整個的價值，雖此時尚不
能確然評定，將來影響於學術文化，甚至於我們民族的創進的資鑑，
亦正待國人之興起研究，但我可以平實的說，深邃容何不如孔壁之於
儒家經典，甲骨之於殷商史實，而博大必為前三次任何一次之所不
及，現在就我心中所能記憶，及手邊所有的材料，略加分析，已大有
可觀。我手邊參考書極少，此地（三臺）更不易求得，欲作全盤的文
化上的價值估計，事實上不可能，而且為時也太早計，請以俟之來
日。敦煌卷子大部分是抄的佛經、儒家經典、老子雜家書籍，其非專
書的卷子，則有「短文」、「詩詞」、「信札」、「帳簿」、「戶籍」、「契
約」、「醮詞」、「祭文」、「祝詞」之類，也有圖書、圖案及各種西藏、
印度、小亞細亞一帶文字的文書之屬，現在我們分析也就依其類別而
各為之說如次。

一　佛經

　　此類寫經分量占大多數，約有百分之九十以上（約二萬卷），其中又似乎以《大般若波羅密多經》、《蓮華經》及《金光明經》三種為最多，惜乎幾種比較可靠的目錄，手邊一本也沒有，不能統計，我對於此類經典，多半都不細看，並不是有所好惡，只是誦習過少，根底太簿，明知必無所得，故未加以注意，其中關於《瑜伽師地論》、《大乘起信論》、《百法明門論》、《法華經》幾種，我在巴黎時略略用今本較過幾卷，無甚大差，只偶有字句的錯落，現就我所知道與學術上有絕大關係的幾件事，略説如下：

　　（一）有中土已亡的經典，而見於敦煌寫本中者　如巴黎藏之《大乘入道次弟》，敦煌藏的《大乘四法經論廣釋開決記》，北京藏《佛説延壽命經》、《諸星母陁羅尼經》，北京、巴黎、倫敦皆有之《薩婆多宗五事論》，巴黎藏之《佛説閻羅王授記四眾送終生七往生淨土經》，北京藏之《大乘稻芉經隨聽手鏡記》等書都是中土已亡，或僅見於日本，而皆見於敦煌經卷中，此類為數當在不少，惜乎尚無人為他作統計。

　　（二）為華文譯本，而附寫梵文本之卷　此種寫本，恐怕以法京國家圖書館所藏為多。即以伯氏書目而論，已有 P.2426 號卷之《金光明經》卷三，P.2025，P.2739，P.2741 兩卷之《般若波羅密多經》，P. 2704《佛説無量壽經》，P. 3745《金光明最勝王經》，P. 2781 之《陀羅尼經》，P. 2782，P. 2790，P. 2798《大般若波羅密多經》，P.3783 之《法華經》，P.2786 之《維摩經》，皆一面華文，一面梵文。又如 P.2027、P.2028、P.2030、P.2031、P.2742，諸卷亦然，且有夾寫於行間者，如 P.2024 是。

　　（三）為有關佛教事蹟之史料　其記中土佛教史蹟者，如 P.2174、P.2692、P.2113、P.2173、P.2182 諸卷；有言吐蕃統治沙洲時之佛教源流

者，如 P. 2499；有記關於各地佛教之情狀者，如 P.2191；有記敦煌佛寺
之規矩者，如 P.2879 之敦煌十七寺僧名冊諸卷。其他可備參考之卷，
如 P.3258，P.3259、P.3391 號卷之文牒，P.2671 號之事蹟草圖，皆與佛
教史大有關係。有唐一代，崇奉老聃，道教極有勢力，因而道教亦最
盛（詳後），而有佛道雜糅的書籍，如 P.2044 之《真言要決》是也。在
敦煌經卷中，有一面寫佛經，而他面則寫道經之卷甚多，如 P.2401，一
面為道經殘葉，他面則為佛經《天請問經》。P.2404 卷，一面為道家之
《太玄真一本際經》卷三，他面則為《六門陁羅尼經》、《六門陁羅尼經
論》及《六門陀羅尼經廣釋》。又如 P.2406 卷，一面為《太上洞玄靈寶
明真經科儀》，他面為佛經。P.2432 卷，正面為殘道經，背面為《大乘
百法明門論本事品》。又如 P.2350 卷，正面為道經，背面為《大乘四法
經》、《四法經釋》。又如 P.2366 正面為《太玄真一本際經》、《太上玄
陽經》、《洞淵神咒經》，背面為佛經。他如 P.2343、P.2355、P.2356、
P.2357、P.2358、P.2377、P.2403、P.2419、P.2430、P.2434、P.2435、
P.2443、P.2436、P.2445、P.2450 等，皆是一面寫道經，一面寫佛經，這
類真是多不勝數。佛道雜糅的情形，自然會有新的思想、新的學說發
生，現在《道藏》裡有若干道經，都受佛經的影響，這是人所共知的。
如 P.2464 卷《首羅比丘經》，伯氏說：「此經所用的名辭，雜亂不一，
詳細審核，當是混淆各教而成。」又如 P.3047「為佛教討論之語，雜舉
印度神名，及中國之太山府君河伯諸神」，也是諸教雜糅一段事實，這
實在是研究佛教史、道教史者之所當注意的。雜糅的時期，自然免不
了兩派的爭鬥，這也如漢代的讖緯家言，一面欲求勝古文經說，一面
又欲與當時的陰陽五行家爭立，而唱出若干新奇的教義、新奇的哲理
一樣。敦煌遺簡中的《老子化胡經》，人知其為求勝佛徒的一種新書，
然則佛家之駁斥道家，亦為必有之事。如 P.2861 卷，其中尚存《明帝

大臣等稱揚品》、《廣通流布品》及安靖之《玄通記》，都是駁斥道教之說，這正是佛道論衡一類之作呵！

各教雜糅，且不僅於佛道，西方之摩尼教，亦已混入佛教教義之中。如 P.2461 卷，伯氏以為「上品大戒中之十大戒，恐被西方宗教影響，或以摩尼教有關」。又 P.2396 伯氏云：「中論明教，以陰陽明暗對舉，殆受摩尼教影響。」大約亦可信，這些都是研究中國思想史者之所宜十分注意者也。

二　道家經典

敦煌寫卷，多與佛寺直接間接相關，所以佛經為量最多，唐代崇奉老聃，因而道家典籍為數亦不在少數。且以我個人的經驗來說，凡《道德經》及其他道家經典卷子，紙的品質，書法的工整，品式的考究，皆在一切寫本之上。這雖然不必即以「國家」二字解說此理，而其一時為人所特敬，影響也會及於佛寺，是可由此種書品而推知的，這也是中國文化史上的一個特別時期，一件特別事情，據個人所知，略說如下：

（一）《道德經》本文問題　今本道德經上下二卷，久在唐以前已然，然唐以前有以《道經》為下卷，《德經》為上卷者，這確為後人所不習聞，而在唐寫本中則最為明白，如伯氏劫去之 P.2584 卷、P.2420 卷、P.2421 卷，皆題曰《道經下》，或《老子道經下》，P.2417 卷、P.2347 卷皆題曰《老子德經上》，皆其證。其實這經近年在銀雀山發現的本子也是《德經》上，《道經》下，可見以「德」、「道」分上下是戰國以來的舊傳，唐寫本猶知其義，此其一。敦煌寫本《老子》，其文字多寡同異，各互相異，與今本同異亦極多，與唐人所傳《道德經幢》

亦不同，這是考究《老子》書者絕好的材料。近人已錄若干種為《老子》作校（商務出版），我另外也有校本。敦煌本《老子》各卷敘錄作了詳細的分析，別詳《敦煌學論文集》中，此不多說，其中有極可寶貴的材料。

（二）《老子》注本　《道藏》中關於老子的注疏，自然也不少，但敦煌寫本中，尚有為後世已亡的佳本，如 P.2517《道德經義疏》，起「治大國若烹小鮮」，終《德經》末。其疏雖不甚佳，而存舊說極多，且分老子書為五卷，亦少見。實為可貴。又如 P.2639 卷起下經「下德為之而有以為」，逐句為疏，疏不甚佳，而下經幾全，亦古注之存者，分全書為四卷，與諸家皆異。又如 P.2823 卷，亦不知為何家注，注亦粗淺。然經注分寫，各皆提行，且經文用朱筆，注文用墨筆，可以考一代風氣。又如 P.3277 卷，以人世修齊治平之說，以解《道德》五千言。當為儒流之作，亦為未見之書，此亦學術史上極有價值的東西，不可不知。

關於道家典籍，及當時道教的情勢，我在《敦煌經籍校錄》中已詳言之。又別有《道德經敘錄》一文校敦煌各本文字異同附錄詳情等件可參，此處不再多說。

（三）道教佚經　道家與道教雖是兩回事，但歷世為了述說方便，往往有些相混的。這也不是後人創為之，到宋人輯《道藏》以後，道教的經典算有個統記，在敦煌經卷中我細心翻檢過北京、巴黎、倫敦三處所藏全部卷子，清理出應屬道教經典的著作，為唐以後所佚的典籍，錄為《道教佚經考》一卷，已收入我的《敦煌學論文集》之中，這也是中國哲學宗教史上不可少的一種工作。此文當另外發表，此處不再詳說了。

三　儒家經典

敦煌卷子中，儒家經典所占分量也很不少。其於學術文化上關係至大的有幾件，可以一談：

（一）古本古注之發現　據我個人之所知，大概以《尚書》隸古定本的發現為最重要，其次是《論語》皇侃疏，《尚書》王肅注等。《尚書》自衛包改定為今本後，唐以前的本子久已不存，宋人雖然尚有看見的，已是鳳毛麟角，稀世奇寶了。但在敦煌經卷中所保存的，真不在少數，即以伯氏將去的而論，如 P.2549 卷之《尚書篇目》，當為六朝時人寫本，自極可貴，餘如 P.3015 之《堯典》，P.3169、P.3469 之《禹貢》，及 P.2533 自《禹貢》至《胤征》，P.2643、P.2516 之自《盤庚》至《微子》，P.3670 之《盤庚》，P.2748 之自《洛誥》至《蔡仲之命》，P.2630 之自《多方》至《立政》，P.3871 之《費誓》諸篇，其文字異同，與今本皆絕殊，而 P.2980 卷於古字之旁，以朱筆改為今字，猶可見當時改定之痕跡，這在考論《尚書》文獻上的貢獻，當然不小，也是研究經學、史學、哲學者所最可貴的材料。《尚書》問題之多，為儒家經典中所特有，此種材料一出，不僅不必費力去為它作文字的考證，甚至於閻若璩、江聲、段玉裁、王鳴盛、孫星衍、王先謙諸家，也可省許多麻煩。甚至六朝以來傳本問題，也大有可尋，而《尚書》中有許多因了誤字誤句而可改正的地方，為校勘考據諸師百思不得之奧，也可以多所解決，即經本的是非問題，也未始不因之而有些消息，將來有暇，當更為文論之。還有一卷可寶貴的材料，是《尚書·堯典篇》的王肅注的釋文，也發現了。這即是伯氏所取去的 P.3315 卷是也。王肅注《尚書》，大概宋代還有傳本，譬如楊備書諷刺字用古文，即是一證。然而當時已屬奇文，而今又將近千年，居然再與世人相見，這不

是古今奇聞而何？這一本卷子，關於《尚書》古本問題，《尚書》流傳問題及古文字學，皆有極大關係，自涵芬樓祕笈刊印後，羅氏也影印他，近來學人討論他的文章，也有八九篇之多，我另有專文詳之，此處不多贅了。至於《論語》皇侃疏，本也是久亡之冊，也在巴黎藏卷中發現，已由王有三先生為商務館攝製回國，將來總有機會與國人相見。

（二）糾正今本的譌誤　除了《尚書》外，儒家經典在卷子中的分量，要以《詩經》為最多，即以我所得見的巴黎藏本而論，已在七十紙以上，而全經已可勉強拼得起一大半，其每卷長者，如 P.2529 卷至 25 頁，P.2514 卷至十三頁，P.2506、P.2669 至八頁之多，也是一般卷子中少有見到的。其中本子，幾全是毛傳、鄭箋，其中與今本不同之處甚多，有以經旨關係極大的地方如《齊風‧東方之日》篇序曰「刺衰也」，而 P.2529 及 P.2669，兩卷皆云「刺襄公也」，又如《秦風‧駟鐵》「載猃歇驕」傳「猶輕也」，「輕」下當是奪一「車」字，而 P.2529 卷有之。又如《出車》「執訊獲醜」句，箋云「執其可言問所獲之眾」，本來應當是解釋「執訊」二字的，P.2570 卷作「執訊執其可言，問及所獲之眾」，是何等明白，又《杕杜》一詩的「征夫不遠」句，箋云「不遠者言其來，喻路近」，而 P.2570 卷「喻路近」三字作「愈近也」，是何等明白，何等情趣。又如《小宛》序今本作「大夫刺宣王」，寫本則作「刺幽王」，又《采芑》「服其命服」，箋「朱衣裳也」，寫本作「朱衣纁裳也」。又《車攻》「赤芾金舃」，箋「金舃黃朱色也」，寫本作「金舃黃金為舃，朱色也」。又如《採薇》「靡使歸聘」，箋「我方守於北狄」，寫本作「有所識，則天為之生賢配」。又如《緜》序「本由大王也」，寫本作「本大王也，大王能興緜緜之化，文王因以自廣大也」，又「乃召司空」二句，箋「司徒掌徒役之事」，寫本作「司徒掌教及徒

眾之事」。又「予曰有奔奏」，寫本「奏」作「走」，傳箋中亦同。又《棫
樸》「六師及之」，箋「五師為軍」，寫本作「五師為旅，五旅為軍」。
又《皇矣》「自太伯王季」，傳「見王季也」，寫本「王季也」下尚有「謂
王跡之興，自太伯王季時也」十二字。《南山》序箋「乘公而摦」，寫
本「公」作「車」。又「必告父母」，箋「卜於死者」，寫本「者」下有
「元廟」二字。又《葛屨》箋「未成為婦」，寫本「婦」下尚有「之禮」
二字。這些條數中，寫本與今本之差，一二字間，關係經旨之巨，是
研究傳經的人所不可不知的。清代的學者，費極大的力，欲更定一字
而不可得，現在寫本中的異文，有百思不得其妙之處，僅就校勘來
說，也已大可拱為珍寶了。

　　其他經卷，如《春秋》三《傳》、《禮記》、《周官》，當然也有些
可貴的材料在其中，但都無《書》、《詩》兩種之可貴。

　　在巴黎的儒家經典，我翻過的，我都詳記內容，並細細地作過校
勘，我已另有成書，名曰《瀛涯敦煌經籍校錄》，凡八卷，尚未印行。

四　韻書發現

　　韻書是六朝以後的一種新的著作，到唐代以詩賦取士，韻書的用
處甚廣，韻書的需要也就更大，所以唐代韻書的派別也最多，但自三
百年來的學者，都只得見宋人重修的《廣韻》，沈約諸人的東西，當然
未曾得見，即《廣韻》的原本，也未曾見過，大家也都就認宋韻即為
唐韻，這是學術上一種很大的缺憾。自從羅振玉在內府抄出唐人寫本
王仁昫《刊謬補缺切韻》以後，國內才知道《廣韻》以外的韻書，別
有系統，及到蔣伯斧、孫恉《唐韻殘卷》問世後，於是今本《廣韻》
前面敕牒中所載為陸法言修補增訂諸家之作，才漸漸覺得有大異於今

者，於是今本《廣韻》，號稱本於隋陸法言之說，亦得加以考究，但材料從什麼地方來呢？這是學者們所最盼望的一件事！

現在我們在敦煌唐人寫本卷子之中，已經發現了若干卷韻書、字書之類的卷子。據王靜安師同我自己的研究，已經知道其中已發現陸法言的原本，並且與法言共同修《切韻》的諸人，如李季節、夏侯勝、杜臺卿、陽休之諸人的書的大體，也可從這些卷子中推而知之。於是陸本的來源，陸書的流變，以及長孫訥言、孫愐、王仁昫、李舟諸家的書，也因此一發現，都清理出一個條理來了。從此我們尚論六朝音理，有所依據，而上推秦漢，亦有所推斷，這不能不說是學術上的一種偉大的發現。

現在就依據我所得的材料，同我研究的結果，分述如次：

（一）先說材料　我所得到的韻書材料，藏於巴黎國民圖書館者十七卷，藏於倫敦大英博物館者四卷，藏於柏林普魯士博物館者六卷，共二十七卷。其中有寫本、刻本兩種，刻本即（一）P（Pelliot）編號之 P.2014、P.2015、P.5531，及巴黎未列號諸卷之丙種；（二）柏林藏本之 TIID1 諸頁，其餘皆為寫本，其中寫本又有精抄與急就本之不同，而版式、紙幅、紙質、書品諸端，我都有詳細記載。

（二）次說我所得的結果　依我的研究，這二十七卷中，有七卷是陸法言原書，有兩卷是初唐陸韻增字本，有兩卷是長孫訥言箋注本，一卷是王仁昫《刊謬補缺切韻》，三卷是孫愐《唐韻》，四卷是晚唐集成本，四卷是北宋刊本《切韻》，此類卷子國內學人如王靜安先生、魏建功兄等，皆有考證，我把這些卷子，全部影抄細校，並加考證，別成《瀛涯敦煌韻輯》，陸氏《切韻》系統，於以大明於世。此外王靜安先生依伯希和氏寄贈照片寫的「切二」、「切三」兩個《切韻》卷子，劉半農《敦煌掇瑣》所錄的王仁昫《切韻》二○二卷，都曾影響國內

古韻研究，但王先生所錄偶有筆誤，我已作校勘，記登在東北大學《學林》上，劉氏書錯誤尤多，而且有很多臆改，整頁脫落，我也作了詳校，全書止二千餘條，而校記也得二千多，則為最詳盡，北京大學編的《十韻彙編》，全據劉氏這種在外要著的誤本，尤當早正，但不幸我的稿子至今不能發表。

五　文學

敦煌卷子中，有少數關於文學史事的卷子，對於這兩方面都有很重要的發現，現在略為分述如下：

關於文學的發現，除詩文集、文選等而外，其最重要的可以分為兩件來綜說它：一是俗文學，二是詞，三是其他。

（一）關於俗文學　國人已很有人注意，討論的文章也比較的多，我手邊材料既少，要別自為說，一定沒有什麼新的見解與發現，我想還是去讀讀王靜安先生的《敦煌發見唐朝之通俗文及通俗小說》（見《東方雜誌》十七卷八號），向覺民君的《敦煌叢抄》（變文，載《北平圖書館館刊》五卷六號）、《唐代俗講考》（《燕京學報》十六期。聽說向先生近來又得新材料，把這篇文章增修過，在北大文科研究所油印過，我還未得見），鄭振鐸君的《敦煌俗文學》（《小說月報》二十卷三號）都可作為我們的參考，而尤以向君《唐代俗講考》一文後附的「變文唱經文目錄」是我們研究敦煌俗文學必不可少的材料。近年北京已印行了一部《敦煌變文集》，大體已收得差不多了。因了有這些資料，所以我對此也不必再有所討論了。

（二）關於詞　在近年來討論詞的起源的人大都只溯源到晚唐而止，李太白的《菩薩蠻》多已不見信於人了。但在《彊村叢書》中所

刻的那卷《雲謠集雜曲子》，確確實實是唐人的東西，這一點也不能否認，朱先生說「其為詞樸拙可喜，洵依聲中椎輪大輅，且為中土千年未睹之祕」云云，其足為「詞」的歷史上一種最重要的材料，這是毫無問題的。他所收的八個調子，雖與現在所傳句法、聲律之間頗有出入，然而詞的初興，本來是散聲煩音，不一定與字數相配，則他與現傳排調不合，正足以見其為初期作品的現象。又譬如 P.3137 卷的《南歌子》，與現傳《南歌子》不同，但是又誰能說現傳的是真的，原始的調子，不是真的調子呢？並且即以《雲謠集》上所載的詞而論，《鳳歸雲》一調，共四首，第一首的前半是八、五、四、六、五、五、四、四字句，共四十一字，而第二首前半則為五、五、五、四、七、四、五、四、四字句，共四十三字，第三首、第四首前半為三十八字，這與後來調有定句、句有定字的，已大不相同，全書八調，除《傾杯樂》一調無詞外，其餘七調，每調多者四首，少者二首，沒有哪一調首都是相同的，這更足以說明在初期之尚不能律定，翻轉來說，即是敦煌所見的詞，是詞體初興時的真像，這還不夠說明詞史進化的歷程嗎？這份資料，以王重民先生用功最勤，已有專書，此處不用多說了。此外還有一卷久已失傳的智騫《楚辭音》一部，國內多已論述，尤以聞君一多為最勤，但細為紬繹，斷定它是郭璞一派《楚辭》注家的書，在《楚辭》研究歷史上是一個特派，而且是個極其重要的派別，則是我所紬繹而得的，詳見我的《釋智騫楚辭音殘卷跋》一文。

另外我還把當時的碑文記載及一部經卷上的詩文，詞賦籤啟等，有篇章體勢的作品亦抄錄成了一部《敦煌文集》，比大谷光瑞、伯希和所輯略多一倍有零，大概文學資料差不多略備了，不知有無機會印行。

六　史學

　　敦煌卷子中與史學有關的東西，羅振玉似乎討論到不少，大家只要尋他的書看，已可明白許多，羅氏書具在，不用我再來鉤玄提要的述敘了。但就我在巴黎所看的材料中來說，似乎也有多少有點可取之處。

　　譬如 P.3078 卷為蘇環等撰的《散頒刑部格》，可補《唐律》之不足。又如 P.2504 卷《唐代帝后國忌日表》、《田令程令表》、《官令》、《職官品階食品表》，其中有關唐代典制的地方，極為重要，可以補正史會要諸書之缺者頗多，這且不去管他。即如有關習俗風尚的地方，也非常可貴，如高祖以前的帝后忌日，只設齋不廢務，自高祖到昭成皇后竇氏，則設齋廢務至七日之久。又如「假寧令」計算唐代做官人假期每年差不多在百日以上，而假日除月旬休假外，皆依二十四節及三月三、五月五、七月七、九月九、十月一等日，這是有濃厚民俗的意味在其中，我另有長跋，將來再待機會發表。又如 P.2945 卷《權知歸義軍節度使兵馬留後上八相公書》、《涼州書》。P.3201 之《朝散大夫殿中侍御史王賜勸大蕃與唐息兵書》。P.2460《都督黔思費等十六州軍事袁府君碑》。P.2222 之紀晉、大秦、月氏、印度通聘事等文，都是與西北史地、民族有關的重要文獻。又如 P.2405、P.2691 兩卷之《沙州志》，P.2009 之《西州志》，P.2507 之《河渠橋梁漕運記事》，P.3511 之《諸道山河地名要略》等卷，都與當時輿地四夷有關，都是極其重要的文獻。又如 P.2174 紀中國佛教史實，P.2256 述道教源流，也都是佛教道教史的重要材料。此外如曆象、醫藥、數學等科學也還有不少材料，我所知極少。此處不說了。

　　羅振玉先生蒐集這一類卷子不少，大體都已印出，而且還有根

據，這些資料補正史之缺的，如《補唐書張議潮傳》、《五代史曹氏年表》、《張懷深傳》等，我又在羅氏基礎上補其不足，成《補唐書張議潮傳補正》、《補五代史曹氏年表補正》，於史學不無裨益。我又據此等材料補了一篇《翟奉達傳》，這是五代時西河區域的天算家也。補了幾個敦煌文學家小傳，此外卷子尾上的寫經生，釋道兩家大德與及敦煌坊巷寺塔等都分別寫成經生錄、大德錄、坊巷錄、寺塔錄，不僅對當時史地有關，及讀敦煌卷子的人根據這些材料也可以靠助它判斷是非真偽，時代先後等，這都屬於我的《敦煌學論文集》中之一部。

不僅如此。我也將抄錄印寫回來後的卷子分請友人為作研究，已寫論文或採四代的著作中的有金毓黻的《唐官令品考》，蒙文通、唐文勝關於老子《道德經》考，潘重規的《堯典釋文考》，逯欽立的《文心雕龍殘卷考》，黃耀先先生也抄去了我的《詩經》卷子校錄等。其實這個寶庫無往而不可寶，譬如九千尊佛塑，幾千萬丈的壁畫，若干間殘破的木構屋，無件不是中土藝術的無價寶，從藝術的角度來說，是人人都易知之的，若把這些藝術品作為文化歷史材料，也有千千萬萬做不完的史料，譬如我把敦煌、榆林諸窟寺中壁畫上的題銜一一錄下細為排比，成了一篇《瓜沙曹氏世系圖》，將曹氏一家祖、孫、父、子、夫婦、兒女及婿媳的世系，弄得清清楚楚。作為曹氏自己的世譜讀已很可觀，若更擴大來看，曹氏統治河西走廊時同「西域」諸國的婚姻關係，也會令人想到曹氏統治上的藉助於姻婭之好的地方實在太大，不也是歷史事實之重要資料嗎？再舉一個小例，《木蘭詞》有句「對鏡貼花黃」，花黃到底是什麼東西，如何貼法，我們看了曹氏女姓的面飾，自然了解得一清二楚也。我曾把溫八叉《菩薩蠻》十四首中說到的當時面飾一一證以這些供養人像，都有實樣可舉，真令人大快。這一類的資料，說也說不完。總之不論從哪個角度來看，這個寶庫實在

是我們國家的無上寶庫，無上博物館，只可惜「敦煌資料在中國，敦煌學在日本」，這雖是有近於侮慢之辭，但不能不令人愧悚萬分。

結尾

　　總之敦煌經卷，蘊藏極富，卷子中所牽涉到的方面最為寬廣，甚至也極精深，絕不是我這短文所能詳盡的，尤其是佛經部分最多，而更是我最無所知的部分，其餘小部分的材料，我雖然也看了不少原卷，可惜我記錄抄寫者不多，研究成果也還說不上。然意義至重，也使我忘其固陋。

　　（原載《思想戰線》1981 年第 1 期，收入姜亮夫《敦煌學論文集》時有增補修改。此據《敦煌學論文集》，上海古籍出版社 1987 年版。）

瀛外將去敦煌所藏韻書字書各卷敍錄

　　余旅歐時所得敦煌經卷，以《詩》、《尚書》、《德道經》及隋唐以來韻書字書為最全，而韻書使陸法言《切韻》一系之已失墜者重見其本來面目，於事為最偉。故歸中國後，輯成《瀛涯敦煌韻輯》一書，用力最多，而得力於余寫卷時所作評卷之敍錄，為余書最重要之根據，即撰寫各各考證文字時，皆已一一採入論文之中。「文革」中，此敍錄專冊已損失，倖存《韻輯》中。然《韻輯》印行於解放後三年，印數極少（六百部），致使國外學術界欲得而參考之者至迫切，遂為出版商所利用，大量印行，而不肯運入大陸使吾人亦能利用之。因思劉子政父子於漢世藏書為敍錄，後此以為便。因不自忖，遂由《韻輯》中復錄出以入《敦煌學論文集》中，所以便於習韻學者之求云爾。

　　《韻輯》所錄計《切韻》、《唐韻》之屬二十三卷，三十二種。屬巴黎國家圖書館者十四種（即用 P 編號者），屬大英博物館者三種（即用 S 編號者），屬柏林普魯士圖書館者六種。巴黎國家圖書館未編號之殘卷，余得王君有三之助，亦得抄寫。大英博物館東方部主任小翟理斯博士語余，英倫所藏韻書，只於此而已。德京所藏，余未能盡觀，

問諸伯希和與倫敦大學教授葉慈兩君，亦謂余所得大約已全。是敦煌韻書之流於海外者，余蒐集為最備。昔先師海寧王先生寫英倫所藏三種《切韻》殘卷，於照片之漫滅處偶有失真，又誤以為藏巴黎。余幸得親訪於彼邦而細校之。以先師精力之勤，因時地之隔限，遂有齟齬差。甚矣，為學之難也！獨怪劉君半農亦親訪書於巴黎，而《敦煌掇瑣》中所錄 P.2011 卷《切韻》卷子，乃譌誤竟至十分之一云。

P.2129、P.2638、P.2019 三卷

P.2129 卷正面為《大乘密嚴經》，後面整錄王仁昫《刊謬補缺切韻序》與陸法言《切韻序》兩文。首尾完好，一字無缺，字體亦不惡。余閱此卷時，將急裝入倫敦，不及抄錄，但以秀水唐蘭模內府本王仁昫《切韻》較本卷五序，以《廣韻》前陸序較本卷陸序，而別紙記其行款、品式、紙墨諸端。歸國後，簡札多已散亂，資為記錄者惟殘餘手冊。已不甚全，故行款、品式已不能說，與 P.2014、P.2015 兩卷尚有數頁未得移錄，同為此書一大憾事！

P.2638 凡存陸法言《序》十行半，長孫訥言《跋》七行半，郭知玄題銜一行半，孫愐《唐韻序》二十九行又二半行，「論曰」四行又二半行，共五十五行。始陸《序》「選精切除」句，終論贊「徒拘桎於文詞耳」句。楮白紙，大小以蠹蝕裁削不可度計。版心亦至不一律，以字體不依行款也。高者在二十二、三生丁以上，短者不逾二十生丁，字尚剛健，有北魏風韻，然不甚依行款。多者二十五、六字，少者二十一、二字。無框格，墨色尚有光澤，然輕薄不甚厚重。行款尚疏朗。

P.2019 起陸法言序「□□□記經紀博問莫辯」，終孫愐《序》「按《三蒼》、《爾雅》、《字統》」句而止。大約為未竟之作。「統」字獨得

一行。凡二十六行。楮白紙，紙質甚疏鬆。烏絲格。字體與 P.2638 近而較劣，非出一人手。墨色灰敗，不甚可愛。每行約二十四、五字之間。

　　上來三卷，雖所存多寡有異，而隋唐人《切韻》序文之重要者，已大端完備。其駢列陸氏、長孫、孫愐三序，當為唐人孫愐一系韻書之體式，為宋時重修之《廣韻》所本。然此三卷雖大端與今本《廣韻》相同，而出入之處，頗有重要材料。至王仁昫《序》，則除內府本外，惟見於此卷，亦可謂不世之寶矣。茲舉其要點説之如次：《切韻》，《隋志》不著錄，而兩《唐書》所著錄之《切韻》，則有題陸慈撰者五卷。海寧王先生曰「日本源順《倭名類聚鈔》引陸詞《切韻》五十四條，日本僧信瑞《淨土三部經義》引陸詞《切韻》十六條，又作陸詞。日本狩谷望之《倭名鈔箋》謂詞即法言。案詞與法言名字相應。又隋唐間人，多以字行，則狩谷之言殆信。中土書籍，多云法言，罕有云陸詞者」云云，定法言名詞，其辯至細。今 P.2129 卷題曰「陸詞字法言撰切韻序」，則唐人尚知法言與詞為一人，與諸書之説皆合。然何以兩《唐書》誤為慈？抑另有陸慈其人亦撰《切韻》？則又有説。按《元和姓纂》載法言弟名正言。據《姓纂》及《隋書‧陸爽傳》、《魏書‧陸𣆶傳》，則法言、正言兄弟為爽之子，𣆶之孫，順宗之曾孫，後魏徵西大將軍東平王陸俟之裔，與《大唐新語》法言為大同伯祖之説合。大同為正言之孫。世序彰明無作詞者，而法言《序》中亦稱法言而不曰詞，兄弟亦以言字序譜，疑法言為陸生原名，故諸史皆據為稱説。及父爽以請更立皇太子諸子之名之事而見罪；廢黜子姓，法言竟至除名。《切韻》之成，即在次年，法言當有隱諱更名之事，後此殘年，遂亦以變名行世，惟後世官書，則仍其世次而不改。而慈與詞音近，兩《唐書‧藝文志》遂又誤以慈為詞矣。此可補史籍之缺誤者也。他如劉

儀同等八人之名，駢出並列（《大宋重修廣韻》牒文列八人名於後，則宋時流行本亦據此書者也），可補今本之缺，亦使 S.2055 所載，不為孤證。而「諸家取捨亦復不同」之句，所以明「支」、「脂」、「魚」、「虞」、「先」、「仙」、「尤」、「侯」之分者。今本錯簡，遂使文理不序。今本錯在「今古聲調既自有別」下，與上下文皆不調。所關亦不僅於詞華，其他一字一句之異，有思之百年不能得其妙者，亦韻學上之一快事也。又 P.2129 所載王仁昫《序》，明言刊注之本意，可窺陸書之原式，而王氏身世撰者亦由此窺其一斑，當亦藝林之一快事，其犖然大者，余為抽出如此，全文俱在，學者各玩索而自得焉可也。

陸法言原書韻目跋　P.2017

本卷僅存一葉，共三十行，計陸法言《序》文九行，起「支章移反脂旨夷反魚語居虞語具反」句，終「大隋仁壽元年也」句。下承《四聲韻目》十七行共一百九十三韻，見卷中韻目計數及平聲「東」韻韻字四行，前後皆有殘損。首行自「先□□□」以下約殘十二生丁米突，而「東」韻字四行則皆殘下截。麻黃紙，不甚堅實，已灰敗。紙幅已不能計度，版心為十九又二分之一生丁米突，無框格，而有摺痕。字妙曼而小，體近衛、王。行為三十五、六字，而行款極精整。為當時精抄本。

按本卷前後雖已殘損，而《四聲韻目》獨全。敦煌韻書殘卷韻目之完全如此者，實不多覯。且四聲相貫而書，亦《唐韻》之所少見，且唐人定韻，必已四聲相貫為則，亦即此而知之。前載陸生《序》文，與倫敦、巴黎所藏敦煌卷子如 S.2055、P.2129、P.2638、P.2019 及今《廣韻》書前所載陸《序》皆同。雖文字偶有一二之異，亦無庸詳為考辯。自長孫訥言加箋之後，遂有長孫後加之《跋》語即陸《序》後「訥言謂陸

生」云云以下一段是也。（敦煌韻書載此《跋》者甚多，別詳）今本卷無
此《跋》，而即於「大隋仁壽元年也」後承以《四聲韻目》。此當為陸
生原書書式無疑。更以韻目證之，其為陸生原品，愈益彰顯。試論之
如次：

　　按陸生韻目無完整存於代而可考者，然據 S.2683、巴黎未列號之
乙、TIVK75、S.2071 諸卷，及本之陸氏而出入極微之 P.2011 卷、S.2055
卷當可推知。試以本卷韻目與諸卷所存之韻目或由韻字所推知之韻目
一一加以比較，幾無一字之出入，而與 S.2055 卷尤無爽失。S.2055 卷為
長孫箋注本，長孫之於陸書，蓋有文字注語之增益，而無韻部聲音之
更易，此證一也。又陸氏無上聲「廣」、去聲「嚴」二韻，S.2071 卷無
之，本卷亦無之，是亦保存陸氏原書之證二也。是故凡 S.2071、P.2011
諸卷所論韻部之特點，凡可指為陸氏之舊者，本卷皆一一具備。學者
交互參觀，可以詳知，無待論述。然 S.2071「先」、「仙」以下韻目都
數之次，另起一二之數，而本卷「先」為二十七，「仙」為二十八，承
上「山」韻為次蓋平聲字多，長孫箋注，增益卷帙，分為兩卷，因而
都數亦另獨立。而陸生原書，雖為卷亦五，而「刪」、「山」、「先」、
「仙」之相次，實含音理比鄰類連之作用，絕無割為兩截之理。長孫為
臨文而設，分之固不妨，陸生為審音而作，必無分立之理。P.2011 卷尚
仍相次，而又四聲韻目駢列卷首，最合音理，其必為陸生之舊式，蓋
無可疑。此其證三也。

　　然本卷最末四行「東」韻韻字，收字較 S.2055 為多，如「東」紐
多「凍」字。注語有時且較 S.2055 為詳，如「東」、「童」、「中」等字
是。亦明言加幾，如「東」字是，亦引《説文》，亦正字形等，皆開、
天前後韻書之體式，即不為長孫、孫愐之書，亦必為他唐人紛紛之
作。將何辭以釋其必為陸生之原與？此又吾人考論古事所當分別而觀

者也。韻中正字固不妨其為開、天前後甚至為晚唐以後之作；而其韻目固得襲用陸氏原書舊次而無更張，兩存不礙。則本卷韻字，即使為中唐以後人之作，而其韻目，亦不害其為陸氏之舊矣。又巴黎未列號諸卷之戊，存「選精切除」以下兩殘行，計三十七字，下截有殘，此亦陸氏原序中一段也，因附記於此。

陸法言切韻原書　S.2683 卷

本卷今藏大英博物館，即海寧王先生據伯希和（P.Pelliot）所寄照片影寫之「切一」也。共存三紙，相連為卷。第一紙起「海」韻「亥」字，止「阮」韻「還」字，共十六行。凡收「海」韻三行、「軫」韻八行、「吻」韻二行、「隱」韻二行半、「阮」韻半行。第二紙共十六行，起「阮」韻「麗」字，止「旱」韻「伴」字，凡收「阮」韻五行，「混」韻六行，「很」韻一行，「旱」韻四行。第三紙起「旱」韻「誕」字，止「銑」韻「棄」字，共十三行，凡收「旱」韻三行、「潸」韻三行、「產」韻四行、「銑」韻三行。紙為初唐普通寫經麻黃，而質不甚細滑，色已灰敗。第一、二兩紙幅寬三十六生丁，第三紙寬二十五生丁半。三紙相連處，今已以另紙搭接，其實寬已不可知。紙高在二十五生丁以上，裝袟時尚有剪裁。版心高二十三生丁半，無框格而有上下摺痕。字體極勁健，類北碑，但不甚豐腴。行款極疏朗有緻，墨色尚佳，惟不甚沉厚。每行置字正文約可十六、七，注文約可二十四、五，與諸唐初寫《尚書》、《詩經》卷子相彷彿。就內容而論，共存上聲「海」以下十一韻。每韻與韻之間大體皆提行另起，然「隱」韻末行僅二字，故「阮」韻不再提行，蓋當時紙張尚不甚易得，故偶或變通以求省節也。韻首字凡提行者皆在上緣摺痕之外，而皆不計韻次數

目，此與諸唐人書皆異。切語稱反，在注釋之末。有注者不計。又切亦在末。惟注釋極少，往往有但記切語者。每紐都數亦殿注語之末。每於韻首紐首之處，皆以朱識之，色極鮮明。其有誤偽校改之處，亦用朱為之。如第一葉第六行「馬毛逪」三字，「毛」字以朱筆刪，「逪」字以朱筆改「匸」形為「乀」。第二葉第三行「則引」二字，「則」以朱筆加直於「貝」字之上。蓋皆校讎者為之也。又第一紙末行「阮」字之上，「祈謹反一」之下，有朱書之一「𢇛」字，不知何義，願待識者而別之。豈勘了後之簽署與？

　　本卷以紙質、墨色、書品、字體諸端論之，凡稍翻檢唐人卷子或稍習書法繪事者，一見而可斷知其為初唐寫本。即此而判為陸氏原書，將已無大誤，然六朝韻書存於唐者尚多，而字體、紙樣諸端，究不能為絕對之標準，是不能不略為揚搉商量者矣。

　　首要者，本卷收字最少，又為諸唐人韻書所本。按存世唐人韻書如 S.2071、S.2055、P.2011、P.2014、P.2015、吳縣蔣氏藏《唐韻》、內府所出王仁昫本諸書，細玩其內容，如收字、紐首、字次、切語以致於注釋諸端，莫不與本卷相同或相因。增損容有少異，規模實無大殊。即以韻目而論，其演進之跡，亦宛然可指。是本卷必與諸卷相同或相近。更以每韻收字而論，凡本卷所載之字，S.2071、P.2011 等卷，無不一一俱存，即其次序亦無顛亂不調之象，則本卷必為 S.2071、P.2011 諸卷之所本，已無可疑。又陸氏成書之後，代有為之增益箋證刊補之人，故《切韻》一書，益後而字益增，注益詳。以諸寫本而論，S.2071 字較各卷為少，全卷推得不過萬二千餘。試以本卷所存各韻各紐一一與 S.2071 及 P.2011 兩卷相較而推論全書，則本卷略省於 S.2071 者為十五分之一，而省於 P.2011 者，為每十字省三個半字強。以此兩數與各該卷之總數較，則可與 P.2011 卷之所謂「舊韻總一萬一千五百六十三

字」者相近。而與 S.2071 較，則略可得萬一千五百字左右。按《封氏聞見記》言法言《切韻》字數（詳 P.2011 卷之敘錄），實與本卷甚相合，則本卷為陸氏原書，其證一矣。《封氏聞見記》又言聲類亦一萬一千五百三十字，則其字數亦正相同，然此書「以聲命字，不立諸部」，是李氏書不以韻部分字，而潘徽《韻纂‧序》言李韻全無引據，本引卷書，非李書。

此外則注語最少，合於陸氏書例。又本卷不言字形，亦為陸書本例。

陸法言切韻殘卷巴黎藏未列號寫本之乙

本卷殘存僅一葉。共十五行，首尾損剝最甚。首四行塵封過舊，不受刮磨，已多不能移錄。起「感」韻「鬖」字，五行而承以「敢」韻，三行而承以「養」韻，至「獟」而殘。紙色略黃，為寫經黃麻紙，已塵蝕灰敗，質不甚堅韌。幅寬已殘損不可知，高在二十六、七生丁以上。版心高二十三生丁強，並無框格。墨色尚光潔，然不甚厚重，字體豪勁。稍嫻敦煌卷子者，皆知為初唐以前寫本。

陸法言切韻增字本　TIVK75

本卷現藏柏林普魯士學士院，在勒可克 Albert august von Le Coq、格蘭委得爾 A. Grunwedel 兩氏所獲吐魯番文書中。余得見其一葉，為前後二面。前面起上聲六止「廘」字，終「語」韻「嫐」字，凡存十行，後面起十「姥」韻「怗」字，止十四賄「瘤」字，十一行。其字已全殘者一行。紙幅、版框大小已不可定。以殘文校之，其所殘上截，略與所存下截相等。烏絲格，甚雅潔。字不甚佳，且略近行草。行款尚

疎朗，以前面第八、九兩行、後面二、三兩行、七、八兩行、十、十一兩行四處審之，則每韻皆各提行另起，不連綿為書。款式與 S.2683 卷同。此其書式之大略也。

　　以內容審之，余定為初唐人寫陸法言《切韻》增字而又增注之本。

隋末唐初增字加注本切韻殘卷　　S.2071

　　本卷今藏倫敦大英博物館，即伯希和 Paul Pelliot 以影寫片寄上虞羅叔言而以為藏於巴黎國民圖書館者也。海寧王先生已就影片摹寫印行問世，中國人亦多已即見者矣。余遊歐時得伯希和、戴密微 Paul Demieville、葉慈 Yets 諸君之介，訪翟理斯於大英博物館。索觀韻書、字書、《尚書》、《老子》、《詩經》之屬，翟理斯即先以此卷見示。余不禁狂喜，因細錄一過，又影拓版式，更以王先生所摹本一一校讎，得疑譌三百許事。其款式、書品，有足述者，謹記之如次。

　　本卷今存三十四葉，黏合為一卷，中有裁頭切幅之跡，蓋既歸該館後重為裝袟因失原品者也。共存八百二十一行，大體完好，惟第一紙僅存後十二行一小截，第二紙前十一行下截已殘，第七葉當殘去三行，第十八葉前有殘段，十九葉後有殘段，茲詳列各葉品式如下：

葉次	內容			
	行數	紙寬	始字	終字
一	十二	十六又二之一	縫	贏
二	二十三	三十一	鈹	銕
三	二十四	三十一	追	韄
四	二十四	三十一	饑	樞
五	二十四	三十一	朱	騠

續表

六	二十四	三十一	提	鞊
七	二十二	二十八又二之一	萑	闔
八	二十四	三十一	詵	撝
九	二十四	三十一	根	矗
十	二十五	三十一又十之七	切韻	編
十一	二十五	三十一又十之七	筬	橋
十二	二十五	同上	趨	窼
十三	二十五	同上	鈔	戎
十四	二十六	同上	領	歊
十五	二十六	同上	康	椏
十六	二十六	同上	廉	醶
十七	二十五	同上	枕	仳
十八	二十六	三十一又十之四	泚	陁
十九	二十一	二十六	緻	祲
二十	二十四	二十九	邇	鯑
二十一	二十五	三十一又二之一	碗	鼞
二十二	二十四	三十又十之八	膺	㐱
二十三	二十五	三十一又二之一	䵐	塞
二十四	二十四	三十又二之一	謇	祛
二十五	二十五	三十一	咢	憪
二十六	二十五	三十一又二之一	惕	淡
二十七	二十二	三十二又二之一	帚	薑
二十八	二十四	同上	切入卷	礜
二十九	二十五	同上	鵠	踔
三十	二十六	三十一	姞	敨
三十一	二十六	三十一	炊	厱
三十二	二十六	同上	鴛	瞙
三十三	二十五	三十	孏	插
三十四	二十四	三十又二之一	甪	緽

紙寬若干以生丁米突計

　　紙高在二十七生丁以上，重裝時當有截削，大約與巴黎 P.2011 卷相近。紙為唐人寫經之普通硬麻黃紙，較 P.2011 卷為勁健，色亦已敗白。無框格。版心約高二十四生丁，亦無摺痕，故字不甚拘行款，字體既不甚佳，且多草率，故每行字數亦不甚劃一。

　　原卷重裝時，且有顛易倒亂之處，如十五「清」後，誤倒入二十一「鹽」後半，及二十二「添」、二十三「蒸」、二十四「登」諸韻。而十六「青」以下四韻，又錯在四紙之後，蓋英人無真習漢學者，不足怪也。

　　本卷共存正字七千九百八十四字。其行款因有截削，已不能全知，所可考者，尚有數事。

　　（一）各卷相承不別為紙　今存上平、下平、上聲、入聲四卷。上平之末，僅空一行，即起下平韻目。下平之末，即空亦無之，即起上聲韻目。去聲全韻無考，而其為卷，亦必不別為一紙，則可即上平而知之矣。

　　（二）各韻相接不別為行　每韻與韻之間，但於上一韻之末，空一字，即續書下韻韻字，不別為提行。如 P.2011 等卷款式。

　　其他如「韻首都數」及「每紐計數」字，仍用墨筆，「紐首」字更無標識。皆與他寫本韻書相異。蓋當時寫韻之法，精抄者必細加校讎，增刪定誤，皆以朱筆。而標誌「韻首」、「紐首數字」，亦於校讎時為之，其急就者，則不加勘正，便無丹墨分施之事。

　　（三）每字之下，先注字義，次加切語，最末為「每紐計數」字，其有兩義以上者，義與義相次，其又音又切在本音之後，不為「紐首」，則在義後。其分錄字體「亦作」、「或體」、「俗書」之類，則在「紐數」之上，無「紐數」者，分錄字體為最末。惟言「古作」者，則或在字義之前。此釋字注音之例也。其有「新加」字，則皆在每紐最

末。

　　本卷僅書一面，與敦煌他經卷同。其原裝品式，以黏口與他經卷較，必為長卷無疑。更以第十七葉上聲「韻首」與下半韻末同在一葉，及第九、第十二葉黏口審之，則又必全書五卷合為一長卷無疑。更歷千禩，蠹蠧之餘，葉抶解散，英人重裝，復有裁削、顛亂葉次之事，於是本卷原品，幾於不可識矣。

長孫訥言箋注本切韻殘卷　　S.2055

　　本卷共存四葉又半，一百七十九行，起陸法言《切韻序》，終「魚」韻「𪊥」字。兩面俱書。正面為陸序及「東」、「冬」、「鐘」、「江」、「脂」、「支」六韻，至「葵」字而止。背面起「郊」字，前後實相承也。然以黏口餘痕驗之，則其下尚有另葉相承，大約本卷為倉卒急就之作。或為當時習字廢紙，非依書式移錄，故自八「微」以後，注語突省，而九「魚」韻竟，亦遂戛然而止矣。

　　楮白紙，質極疏鬆，於敦煌卷子中為最下乘，類諸戶籍、田籍、借券、雜書之屬。更歷塵蠧，已敗白不堪。紙幅高三十生丁以上，寬四十三生丁，無框格，版心約二十八、九生丁。行款極亂，墨色亦不勻整，濃則如黔突，淺則如浮塵，字體亦極粗惡，入後益狂亂無友紀。然風格固不能於中唐以後求之也。

　　更就內容而論，前存陸法言、長孫訥言兩序，下承上平二十六部韻目，承以「東」至「魚」九韻韻字，除行中偶有殘損外，大體皆全。其體式則於每韻與韻相承處，皆空一正字，不另葉，不提行。每韻首字皆標韻次。「魚」韻不書「九」，蓋急就而脫漏也。紐首字並無圈識，亦不作他符號。蓋此時寫韻，其標識記數諸端，皆於校讎時加之。本

卷之記數而不識紐，當亦因於急就，或本為習字而然也。切語稱反，皆在注語之首。陸氏舊例，反語皆在注語之後，此則長孫氏箋注時移易者也。

長孫訥言別本切韻　巴黎未列號寫本之甲

　　本卷僅得一葉，凡十七行，存入聲「職」、「德」、「葉」、「乏」四部，起「職」韻「杙」、「即」諸字，終「乏」韻「未」、「獦」字，而後承以「□□第五」字樣一行。「第五」云云，當為本書全卷之數，此四聲分為五卷者也。楮白紙，甚疏鬆，大小高下及版心尺度，以殘損適當邊緣，已不可計度。墨色不甚佳，字尚秀健，類女子手筆。韻首有計數如「卅德」是也，然無圈識。此蓋未加校讎之本，韻與韻之間，不提行，僅淨一字二字。

　　細繹此卷，蓋以陸氏原書增正文加「或」、「亦」字形之本，且必在開、天之際，孫愐成書之前。

王仁昫刊謬補缺切韻殘卷　P.2011

　　本卷殘存二十二紙，共四十三面，合訂為一冊。其第二十二紙之前面，為某氏女祭叔父文，其文凡存九行，末三行僅第七行之「松栢首」三字、第八行之「悵悶絕」三字可識，餘皆漫滅。上六行為「維歲次辛酉七月□」、「午朔二十二日癸卯姪女□」、「娘子謹以清酌之奠」、「敬祭於、故大阿耶之」、「靈伏惟靈久丞恩德」、「養育成人、將為壽同」、「松栢……」。字極劣，墨色極淡，與本卷絕非一人之筆。然紙色敗白，與全卷相近，而緣邊剝痕，亦與第二十一紙相合。其為與全卷同時貼合之紙，則可無疑云。韻書正文，實止於第二十二

葉後面。原裝為何種書式，已不可考，該館指巴黎國家圖書館，下同。裝帙依用西文書品式，故其次與中土書式首尾顛倒，其尾二十一葉之後面，實為殘存之首葉，起「支」韻「鸝」、「繍」字，終原一葉之入聲「禰」、「犳」字。楮白紙，色微黃，質稍鬆。前後數片及面口處，因塵濕之浸蝕，殘愈甚而色愈敗。

　　紙幅寬在四十三生丁以上，高在三十一生丁以上（裝帙時大約尚微有截削）。版心寬平均三十九生丁半。每紙多則三十九行，少則二十六行。茲特詳寫校其行款如下：

篇名			現存行數					始終字		備註
原編號	今編號	應有行數	全有字行數	全無字行數	半有字行數	總行數	殘缺行數	始字	終字	有無淨邊
二一 後	一	二十六	十五	無	一	十六	十	鸝	衰	無
二一 前	二	二十七	十五	一	一	十七	十	追反	禰	無	以例推之，全無字行數不應有。
二〇 後	三	二十七	十七	無	一	十八	九	窶	藷	無	「窶」字上截不甚明。
二〇 前	四	二十六	十七	無	一	十八	九	菜鱷	圖	無	「菜」扁，第一行僅殘之小注。
十九 後	五	二十六	十七	無	一	十七	九	屠	猴	無	
十九 前	六	二十七	十七	無	一	十八	九	訥懷	灾	無	
十八 後	七	三十三	二十	無	一	二十一	十二	瓛	糧	無	
十八 前	八	三十一	十八	無	一	十九	十二	縡	穿	無	
十七 後	九	三十二	二十四	無	一	二十五	七	川	嬌	無	
十七 前	十	三十四	二十四	無	二	二十六	八	筴	橐	無	

續表

十六	後	十一	三十四	三十二	無	二	三十四	無	哥	腤	有
	前	十二	三十五	三十五	無	二	三十五	無	妎	黃	有
十五	後	十三	三十四	十八	無	一	十九	十五	皇	猩	無
	前	十四	三十三	十九	無	一	二十	十三	獌	掦	無
十四	後	十五	三十四	三十一	無	三	三十四	無	鄂	瓊	有
	前	十六	三十二	二十九	無	三	三十二	無	欄	㘙	有
十三	後	十七	三十六	十七	無	十九	三十六	無	攙	禍	有
	前	十八	三十四	三十二	無	二	三十四	無	悇	餋	有
十二	後	十九	三十七	三十	無	二	三十二	五	排	體	無
	前	二十	三十四	二十六	無	四	三十	四	腲	畹	無
十一	後	二十一	三十五	二十九	無	六	三十五	無	埈	菫	有
	前	二十二	三十七	三十三	無	四	三十七	無	辨	爹	有
十	後	二十三	三十六	二十七	無	五	三十二	四	扜	廥	無
	前	二十四	三十八	二十七	無	六	三十三	五	鄿	晱	無
九	後	二十五	三十九	十	無	二十四	三十四	五	閃	蓸	無
	前	二十六	三十五	二十八	無	二	三十	五	賜	芋	無
八	後	二十七	三十三	二十六	無	四	三十	三	貽	互	無
	前	二十八	三十二	二十七	無	二	二十九	三	跐	殢	無
七	後	二十九	三十二	二十五	無	四	二十九	三	箷	寨	無
	前	三十	三十三	二十五	無	五	三十	三	卹	絆	無
六	後	三十一	三十一	二十四	無	二	二十六	五	姅	韉	無
	前	三十二	三十二	二十二	無	四	二十六	六	噢	墺	無
五	後	三十三	三十一	二十六	無	五	三十一	無	暎	獎	有
	前	三十四	三十三	二十七	無	六	三十三	無	演	繆	有

續表

四	後	三十五	三十五	二十	無	十五	三十五	無	蹞	濼	有	
	前	三十六	三十三	三十	無	三	三十三	無	卜	犯	有	
三	後	三十七	三十二	二十九	無	三	三十二	無	剝	連	無	
	前	三十八	三十四	三十	無	四	三十四	無	反又	割	無	
二	後	三十九	三十二	二十四	無	三	二十七	五	騽	蟲	無	
	前	四十	三十	二十二	無	二	二十四	六	笐	暘	無	
一	後	四十一	二十六	十六	無	二	十八	八	擇	舮	無	
	前	四十二	二十八	十六	無	三	十九	九	熌	襀	無	

　　此表所列，略以原卷全存之四、五、十一、十三、十四、十六，六葉之版心為準，平均得一全卷當有之版心大小，而以計度各面應有之行數。惟各面行款疏密，不甚一律，又以現存之行數各各與同一之版心計度各面所應有之行數。然恐有時亦但能得一近似之值，而不可確斷，有所謂半有字行數者，多指一韻之末，將提行另起他韻所留之淨空，非指殘剝不全之行數。即使殘剝僅留一字，而確可審知其上下必非脫空者，皆歸入全有字行數中計之。

　　每行約計可得小注四十四、五字，正字三十五、六字，行款極緻密，安排則疏朗，綽然裕如。筆跡極詔秀，剛健猗儺，兼而有之，雖靈飛樂毅諸法帖，恐亦無以過之。世稱唐女仙吳彩鸞書《切韻》事，雖未能定其真妄，然唐世韻書，疑有出女子手筆者。本卷原第十四葉，後面第八行末「眸」字、「目」字兩字之間，及原第五葉前面第三十行第二字「購」下「贖」字側皆有胭脂圓點，色極鮮明，大如紅豆，又原第十葉後第五行「疹」字注「□不」二字之側，亦有鮮豔之胭脂小圈。余編宣敦煌獻寶，近二千卷，未見有胭脂所染之跡，且麗濃如是者。則女仙傳言之說，不為無因。姑付記於此，以當諧謔云耳。又卞永譽《式古堂書畫彙考》書類卷八《唐女仙吳彩鸞楷書四聲韻帖》注云：

「徽宗書籤題『韻帖』共六十葉，每葉皆面背俱書云云。」唐人卷子常例多書一面，面背俱書者較少，本卷則面背俱書，則與彩鸞書式相同，雖不必即此以謂為彩鸞之筆，而亦不失為須密成山之一芥子。又卞氏所列所謂《唐韻》之目，上平二十六，下平二十八，上聲五十二，去聲五十七，入聲三十二，與本卷亦全相合。

　　本卷起五支「鸝」字，終入聲二十四業「福」、「犳」字，凡存字一千一百二十九行，又明可考見之空行二十六，合共一千一百五十五行。其中除每葉之上下前後有殘缺及首尾不全者，及原十八葉後有奪葉一葉外，大約皆全。而上去入三聲韻目，亦全。舉世所存敦煌《切韻》，此與倫敦藏本、故宮藏本可鼎足爭立矣。

　　每紙皆兩面書寫，如今西文書樣，審其帙，或當與今世所謂旋風裝樣相同，而必非長卷無疑。惜重裝時已折釘散葉，未能保其原品。葉口處空行約得一生丁又半，不見有篇葉號數。凡此皆與敦煌他種寫卷不同。他種卷子多只書一面，且各紙皆黏合為長卷。又他卷多有框格或摺痕者，此卷亦無之。

　　本卷各韻雖各自為起迄，而蟬連為書，不另起他紙。即四聲相承處，亦無跳行空首之式，此與宋以後韻書款式略有不同。惟去聲四十八「幼」韻首，與上文連書不提行另起為異。每韻首字以朱筆標出韻次，皆在框行之外列於四聲前之韻目總目，其韻次亦用朱標，而每紐首字亦以朱筆加讀點。反切置於注釋之前，又音又切置於注釋之後。紐數亦在注釋後，而以朱筆書之。此皆與宋以後韻書品式異者。其用朱筆之處，皆於書畢後，斠讎時重加。校字用朱筆，如原十五葉後面第十四行第三字「亨」字，原作「享」，而以朱筆加於「子」形橫畫之兩邊。又如原第六葉後面第二十行「鈿」字，原書作「細」而以朱筆改為「鈿」字。又如原第十四葉後面第二十一行「穭」字原作「穗」，以朱筆改「心」作「皿」。又原第二十葉後面第九行「魚薺」

上原缺一字，疑抄時未寫而校時又遺之也。又原第二葉後面第八行「乞」字下「乙八反穴二」，「二」本數字，原用墨寫，後以朱筆改。又原第三葉「親悉反八」，「八」本數字，原用墨寫，後以朱筆改。則朱注數字，必為當時成規，而書者倉卒誤筆，朱以加墨，非校時不辨也。又以他經卷如五經佛老各書審之，則加朱者往往另一人為之。即如本卷，凡朱加之字，皆粗豪不遵行款，與原卷娟秀之體，大不相類，亦其證。則當時寫經之由另一人校讎，亦即此而可知矣。其有奪漏之字，少者則正補於夾行之間。如原第十四葉前面十一行「恬」字側補「甜甘徒廉反四」，原十四葉後面第二十三㗖下補「古姓㗖」三字，原卷二十葉前面二行「珠」字上補「朱俱羽反丹七」六字。又原第一葉後面八行「畫」上補「○穛胡麥反六」五字。又原第八葉前面第二十七行「錯」下補「大槽」二字等皆是。其奪漏甚多者，則倒書於夾行之中。如原第十九葉後面，第一行「駕」下「吳」補「帑」以下至「吾」等十二字而倒書之是也。倒書之例，即敦煌卷中亦甚稀見。

孫愐唐韻殘卷　P.2018

　　本卷共存十三行，前六行後一行之下截略殘損八至十生丁之間。起「東」韻「瑽」字，終三鍾「灇」字，白楮紙，質不甚堅實，已灰敗，前後上下皆有殘損，故紙幅大小已不可考。高在二十五生丁以上，框心高二十三生丁，烏絲格，極細，字劣，然尚工整。墨色尚佳，然亦慘暗。凡存「東」韻三紐十八字，「冬」韻七紐十三字，「鍾」韻八紐五十九字。以內容而論，共存「東」、「冬」、「鍾」三韻，皆有殘損。韻與韻之間接連而書，不更淨空。首字上亦加都數，如「二冬」之「二」是也。切語皆稱反，置於注文之後，無例外。紐首字以朱筆點識，而不加墨圈。唐以前寫韻之法蓋皆後加也，故時有遺漏，如二

冬「彤」上「宗」上、三鍾「曶」上「邕」上，皆未加朱是也。紐數皆在注後，有「加幾」等字樣，或在所加字之下，更明注「加」字，如「東」之「蟲」、「蝩」，「冬」之「佟」，「鍾」之「橦」、「鐘」、「鷞」、「惷」等字，皆於紐首都數中，既已言加幾，又分別於所加字下更注也。

增字更定孫愐唐韻殘卷　　P.2016

本卷僅存一葉，凡二面，共二十七行，前後皆殘損。前面存二十行，起孫愐《唐韻序》「克諧雅況」句，序文六行，承以上平韻目，韻目五行，承以「東」韻韻字九行，至「櫳」、「嚨」字而止，後面起「公」字注「公息忘」七行，終「㝃」字。楮白紙，質尚勁健，已塵蝕。幅高三十生丁以上，寬不可審知。框格不具，版心高二十五生丁。字極劣，然尚整飭。行款亦不甚逼仄。墨色枯敗。以內容言，凡存《孫愐序》一段，上平韻目全，平聲「東」韻字亦幾全，韻首僅存一「東」字，字上是否有都數，有標識，已損剝，不能審知。切語稱反，皆在注語之末。「又音」、「又切」亦同。「又音」有但言四聲者，如「練」注云：「又去又上。」「桐」注云：「又去也。」「辣」注云：「又去。」「蒿」字注云：「又去。」皆是。有直音者，如「辣」字：「又陳也。此陳音也。」「釭」字注云：「又江。此江音也。」而仍以切語為多，其地位亦在注語之後。紐首字不別加圈識，蓋此為急就之書，未經校讎者也。每紐都數置於注後，而無加幾之目。

增字本孫愐唐韻　TIL1015

　　本卷現藏普魯士圖書館，余僅得見一紙，審其紙質、墨色、字體、風格，當為五代刻本。凡存十三行，始「寒」韻「盋」字，終二十七桓「桓」字注。紙質粗鬆，字體極重濁，與 P.2014、P.5531 相較，相懸甚遠，P.2014、P.5531 為蜀中刻本，此疑即敦煌一帶仿本也。行款尚疎朗，以注字計之，約行可四十許字，正字約可二十五、六字。四維邊框甚粗，行線尚細，然多脫節。上下皆已殘破。文中亦有殘跡。今存「寒」韻「盋」、「難」、「灘」、「冊」、「檀」、「殘」、「干」、「瀾」、「看」、「濡」等紐五十一字，「桓」韻「桓」紐一字。以內容言，可考者凡兩韻。韻與韻之間無空淨，亦不提行，如「二十七桓」即緊承上「寒」韻末字而書。韻首字除都數外，亦不加圈識。切語稱反，在注文之後。紐首字以小圈識之，小圈中又更加朱墨。每紐都數在注語最末，切語之下，或單計字數，或更加一「字」字，如「看」紐下注「七字」，又「□」紐下注「二字」，是也。於他韻書無此例。

唐末五代刻本韻書殘卷之一　P.5531

　　余所見敦煌韻書，不論其為寫本、為刊本，朽敗蠹蝕之甚無如此卷者，而特殊奇詭之甚，亦非餘卷所能及。當宣閱時，分釐拂飾，使縐痕略展。以薄利刃拂去浮塵，然後潤指徐拓。字既顯，則別紙疾錄。一字非三、四拓不能全。一日之力，約可得十行。十日卒業，則形貌俱變，非復故我矣！余非能甚好也，亦不欲以抱殘求名達，惟處強國悍族之中，感觸千萬，殷思其種，即見故國文物，遂以不能自制。為計雖拙，而慰情實甚痴肥已耳。請略述如次。

　　本卷為唐末五代刊本，凡存四紙。以內容論，實為兩本。自「薛」韻「鼈」至「陌」韻「伯」凡二紙為一種，今命之曰「第一種」。自「語」韻「唏」至「墅」，自「駭」韻「矲」至「賄」韻「漼」二紙為一種，今命之曰「第二種」。試分別說明如下。

第一種

　　共存二葉。第一葉共三十四行，起「薛」韻「鼈」字，終「錫」韻「歠」字，其中惟六、七、八、九四行無殘缺，其餘各行皆殘下截。而三十四行僅餘兩字，以版心審之，此為一整葉。第二葉起「錫」韻「擇」字，終「陌」韻「伯」字，共存三十行。其中惟廿四行至廿九行六行全存，其餘各行亦各殘下截。而前九行則上下皆殘。每行僅存數字，然以收字而論，則此葉與上一葉兩相密承，必為一本無疑。雨葉皆楮白紙，質本鬆疏不堅實，更遭塵蠹浸蝕，朽敗已甚，祝指則剝。在諸敦煌卷中，紙質為中下品。幅高二十六、七生丁以上，寬在五十二生丁以外，前後有殘削，不能的審。框格甚俱，圍線與行線粗細相若，皆極細。墨色已灰敗，然厚重有北宋氣韻。字體精整，奏刀勁秀，在歐、顏之間，較海鹽張氏宋巾箱本《廣韻》字尤高古，以較常熟瞿氏鐵琴銅劍樓藏宋本《禮部韻略》，尤為剛健猗儺。行款甚緻密，然配置勻整，殊寬卓有餘潤，非良工不能奏刀也。版心高二十四生丁，寬四十一生丁又半。全葉當為三十四行，每行以正字計，當在三十字上下，以注文小字計，當在四十五、六字之間，行款不可謂不密矣。

　　以收字考之，兩葉共存「十九薛」後半、「二十雪」全部、「二一錫」全部、「二二麥」全部、「二三陌」前半，共五韻，而全者三。韻與韻相承，不另葉，不提行，亦無空字。如「二十雪」即緊接「薛」韻末字「栧」注之下，「二十一錫」，即緊接「雪」韻「叕」字注文之下是也。韻首字亦無特異，更不作他符號，僅標韻數而已。每紐紐首

字上，作一小圈，與今所見諸《廣韻》、《禮部韻略》同。反切皆先於注語，與今《廣韻》異。又切皆後於注語，與今《廣韻》同。每紐都數，殿於注語之後，亦韻書之通例。諸「符號」、「計數字」皆與正文注語同刊於本，而不另加朱墨。故無丹墨雜陳之象。書為當時精刊本，不見譌誤，字體亦絕少俗書。雖零紙斷簡，不謂為世之宏寶，不可得也。

第二種

計兩葉，其實原樣當為四葉，即今第一葉自「唏」字起，數五行至「卅板」止為一葉。自「佢」下數六行至「佇」字一行為一葉。今第二葉自「爠」字下數五行至「卅二板」為一葉。自「嵿」字下數五行至「濯」字為一葉。細繹之，當為「三十」、「三一」、「三二」、「三三」四板之前後剩葉，歸巴黎國家圖書館後，遂兩兩貼合為一矣。楮白紙，質疏鬆，較第一種稍劣，色已朽敗，幅寬已不能知。高三十生丁，框格畢俱，邊緣甚寬，而行間則極細。版心高二十四生丁又半。墨色視第一種稍好，光澤尚見。字體較第一種略大，且椎重無姿，體近黃善夫刻本《史記》，而更肥濁，遠在第一種後，即與巾箱本《廣韻》較，氣韻亦殊混渾，然行款尚疏朗。蓋非五代之精刊也。共存二十一行，計「尾」韻存五字，「語」韻十行半，「蟹」韻八字，「駭」韻一行半，「賄」韻七行。其中全者唯一「駭」韻。「語」韻以下至「蟹」韻四韻即殘於此兩葉之間者也。韻與韻間無空淨，於上一韻之末，即緊接下一韻之首：如「十三駭」韻即接「蟹」韻末字屮注之後。韻目之前，亦標韻次號數，如「十三駭」、「十四賄」等是。惟「十三」、「十四」兩數字，不上棗梨，而以朱書之為大異。韻首字亦無殊形特符。每紐「首字」於上加小圈，如諸唐人韻書。切語或在注語之上，如「語」、「許」、「巨」、「煮」、「灑」、「屮」、「駭」諸紐是也；有在注

語之下者，如「舉」、「去」、「與」、「杵」、「楷」、「翅」、「瘲」諸字是也。至不一律。注語最後殿以每紐「都數」。其「又音」、「又切」在紐首者，置每紐「都數」前，不在紐首下者，則殿一字。其正字形，則在釋義之後。凡韻首「每紐都數」之計數，皆與正文同一刻字，紐首圈識亦同，惟更以朱筆填之。色敗不甚顯，而可影饗得之也。又「語」韻「筥」字行「炬」字下，有「卅板」字樣，及「賄」韻「鑽」字行「頯」字下，有「三十二板」字樣，此乃書記板葉之處，此唐人蝴蝶裝書冊之常式。五代猶存唐風，故其刊本亦襲用不改也。

又第二種注語，實較第一種為多。

試以此卷與 P.2014 卷之第二種、第七種較，蓋無一不相脗調。蓋為同書同板之殘棄也。別詳 P.2014 敘錄各節。

唐末五代刊本韻書殘卷之二　P.2014 附 P.2105

二十年秋，余以事北人舊都，於宣武門外殘書堆中得韻書影片十葉。心知其可貴，倉卒南旋。海上有傖夫，聞余得異書，乃為骍軀，求來訂交，假余所得江慎修手批《周禮》及此影片而去。逾月索之，以失盜報聞，心知其盜自監守，而亦無可如何也。二十五年春，於巴黎國家圖書館觀敦煌卷子，偶得此卷，驚喜逾量，知前此所得影片，即攝之自此者也。即商得該館同意，命工攝製，細為讎校，又以別紙手自抄寫，然以伯希和氏所列目錄較之，面數得九而葉數隻七。原目 P.2014 號共九紙。初疑伯氏九紙之說，實指九面而言，及與伯君觀面，則知本卷與 P.2015 兩卷，皆已選其一部送一九三五年十一月在倫敦舉行之中國藝術展覽會。意欲於會畢送歸後，一一補錄。其年冬，重遇伯君於法蘭西高等學院 College France，詢知已送歸伯君寓所，允假淨几一

席，任余抄錄。其後伯君累易其居，而余有倫敦、柏林之行，二十六年將返故國，復又謀之，則伯君已來遠東，余不及待。歸國不十日，而七七事變作。間關南下，行裝甫除，而上海戰事起。後此展轉於杭州、蘇州、南京、開封、西安之間，此數頁殘紙，雖幸能相隨，而欲補綴完璧，遂以不可能矣。當時未得錄寫者，尚有一、二卷，至今以為耿耿。

本卷大體皆唐末五代刊本，第三葉之背有「清泰五年正月」六字，清泰乃五代唐廢帝年號也。據伯希和目錄共九紙，余所得者僅七紙，而實九面，茲詳為分記如次。

第一種

收「一東」韻字二十八行半，止「矇」字，「二冬」韻字九行半，止「降」字，全，共三十八行，前八行與後十二行為抄配，雖配抄而與原書品式不殊知者以後十二行與 P.2015 卷相較，每行字數品式皆全同。詳後，且與原刻亦相承。原刻末為「豐」字，抄配為「蕪草」二字，故知其相承也。

又抄配前半第八行「戶工反廿一」，不數原刻，已滿二十三四文，連原印本四字，實得二十七八字。然原印本所有「缸」、「吒」、「颱」、「蟲」四字，「缸」字《廣韻》即收「洪」紐下，餘三字皆從「工」、「共」得聲，考「一東」從「共」、「工」者只有二系：一為深喉，一為淺喉，則此三字本可讀「戶工反」也。且「颱」、「風」二字，義同音同，當為一字，而「蟲」本為俗借，是「廿一」當為「廿七」或「廿八」之誤。

紙為白楮紙，甚疏鬆，抄配兩截，較印片色微新，質微劣，紙幅高在三十生丁，然尚有截削，不能計。版心高二十四生丁配抄者較原印本略高十分之四生丁，寬二十一生丁。框格則邊緣粗，行線甚細，而無脫節。墨色不甚鮮明，然厚重有餘。字體勻整，與 P.5531 之第一種，同

為一體，非良工不能刊也。

前者抄配八行之末有「二板」二字，此當為一葉邊末，印本第一行「虹」字，當為第三板之首行。以 P.2015 卷「東」、「冬」、「鍾」三韻配之，則至「鍾」韻之「茸」字共三十四行，「茸」下有「三板」二字，與上「二板」正相承，則三十四行者，即此卷每板所容之行數也，本卷與 P.5531 之第一種為同板本之同韻書。P.5531 第一種適亦三十四行，亦當適為一葉，則此兩種之為同書，亦得展轉而為之證矣。三十四行版心之寬，為五十一生丁。

以收字考之，本卷凡存「東」、「冬」二韻，P.2015 卷即本卷相承之葉本卷與 P.2015 卷有六行相重，以兩紙相疊，實無毫釐之異，惟 P.2015 體略較肥耳。餘別詳，更以相配，凡得「東」、「冬」、「鍾」三韻。韻與韻之間，連續不別為紙，亦不別為行，韻首、紐首之上，別加小圈識，於每圈識中，更以朱筆漫之。切語用「反」不用「切」。皆在注後。與本卷他種先後不拘者皆異。紐數在注義之末，仍為刻樣，而非別書。注文較 S.2071 為詳，而不引《說文》，言族姓而不以五音分。又本卷與 P.5531 第一種為同書之裂，更當與之相參。

第二種

此種計存十二行，自「抧」至「煩」五行屬第二十八板，自「迤」以下至「啤」七行與上紙面背相承，若以板片計之，當為二十九板。精加校理，實即 P.5531 第二種之前葉，P.5531 板數，「三十」、「三十一」、「三十二」、「三十三」，適與此片「二十八」、「二十九」兩葉相承，更以紙質、版式、字體、墨色、款行、注語、韻次、標記諸端校之，亦無一不與 P.5531 第二種合，其為一卷之裂，蓋決無可疑，惟由本卷，尚得為之補說者：P.5531 用朱筆標識韻首、紐首，跡已不甚顯，而本卷甚鮮明，此可補者一也。又合本卷與 P.5531 兩卷而觀，明注板

片數字之「廿八」、「卅」、「卅二」三葉之殘損在前半葉，而「廿九」、「卅一」、「卅三」之殘損在後半葉，此蓋雙數各葉尾端之面口，舉單數各葉首端之面口相黏合，換言之，即雙數為一葉前面，而單數為一葉之後面，遂得殘痕如是也。由是推之，則第一葉之前背必為書皮，是則此書裝釘品式，必為蝴蝶裝，甚且為旋風式之蝴蝶裝，亦得自兩卷合併推究而可知之矣。此與韻似無關，而以書式推斷一書體式，固為余所據為探求原書真像之一法也。

第三種

此種共存兩半葉，第一半葉有「八板」字樣。起「魚」韻「菹」、「沮」、「胆」字，止「颱」字。存全字二行，略殘字四行，上截太半已殘者五行，共十二行。第二半葉起「甌」字，實與上葉緊相承接。止「迂」、「尪」字。存七行，皆全為「魚」、「虞」二韻中字。紙質與第一種全同，楮白紙。幅在三十生丁以上，板心高二十四生丁，其寬以殘損過甚，不能推計，其框格則四維邊線較行線為粗，無脫節斷緪之弊。墨色尚厚重，較他六種皆鮮潔，字體極精勁，與版式、字體、內容諸端而論，與本卷之第一種及 P.5531 之第一種，皆為同一書同一刊本。然此種字體較本卷他六種皆微大約行廿九字，而亦微瘦，亦更姿雋。余初疑為另一版本，其實印刷初興，全書未必出於一手民之手，即一人為之，亦未必能前後無毫毛之差也。即如常熟瞿氏鐵琴銅劍樓藏本之《禮部韻略》、《古逸叢書》中之《廣韻》等諸宋名槧，字體墨色前後亦至不一。此片當為最初拓本，故筆姿勁健，鋒棱介然，而其與第一種為同書，則可自內容上定之者也。本葉背面有「清泰五年正月」字樣，寫字而非刻文。此六字於義云何，雖不可知，然其為後來書寫，則無疑。是此刻本，至遲不後於五代唐廢帝也。唐之季世，蜀中產紙極多，硬黃、楮白、松花、青苔之流，蓋久與西涼遷貿。蜀中雕刻，斯時亦為

最盛，而小學字書之流，尤為名高。此捲紙質，雖非麻面、藤骨之尊，庶幾「廣都四色」之類與？唐兩庫皆以益州麻紙寫集賢院御書。蜀紙在唐時極盛。則諸敦煌刊本其為唐末五代蜀中所刊者蓋無可疑。參《敦煌石室書錄》及斯坦因《西域考古記》諸書。

此紙前八行為「魚」韻字，第九行以後為「十虞」字韻目，「十虞」二字與上韻密接，不提行，亦不空字，亦不特寫，惟於「十」字上下刻兩小圈識，又於上圈以朱筆漫之，此與本卷他紙相同者也。他紙於韻首數字下不再作圈識為異。紐首字亦刻圈，然不以朱筆漫之。釋注之例，則「切語」稱「反」。或在注前，如「胥」、「虞」諸紐是也。或在注後，如「如」、「閭」、「涂」、「鋤」、「疎」諸紐是也，然在注後為多。其每紐都數則殿一字之末，其又音、又切皆在注後，凡此皆以本卷第一種及 P.5531 第一種全同者也。注語詳略，亦與上二卷相若。

又本卷第一種、P.5531 第一種每韻中紐次及紐建首字往往與《廣韻》異，每紐都數往往較《廣韻》多，而此片亦皆如是，此亦與上二卷同書之一證。

第四、五、六三種

本卷第四紙，原實兩面，巴黎國民圖書館裝袟時，因其殘損，遂以薄紙糊其一面，而不知所糊者，實最為重要之前一面，有平聲韻目在者也。潤指拂塵，拓之使顯，遂得抄錄。前面起下平韻目「四十二唐」，終韻字二仙「然」字，即為紙所漫之一面也。凡得廿五行。第二面即後面第一行殘餘四半字，第二行起「仙」韻「次」、「連」字，十一行而下承「三十一宣」，又十四行而下承「三十二蕭」，止「蕭」韻「籄」字。凡存二十六行，其殘者九行，全者十七行。

本卷第五紙，實亦前後兩面，前起「宵」韻「瓢」字，至「肴」韻「轇」字而殘。計存全六行，殘字七行，共十三行。所存為「宵」、

「肴」兩韻字。後面起「肴」韻「哮」、「猇」字，五行，止「獳」字，有「十八板」字樣。而承以「泃」、「嘲」以下六行，止「匏」字。「匏」字一行僅存注文四字，正文殘半字，另五行完整無殘，共計六行。

本卷第六紙，凡存一紙，起「肴」韻「窯」字，六行半而承以「三十五豪」，更七行至「柏」字而止，共計全十三行，無殘缺。

按以上四種合計之，共存「二十九先」、「三十仙」、「三十一宣」、「三十二蕭」、「三十三宵」、「三十四肴」、「三十五豪」七韻，韻次實相連也。當為一書之殘，試更比較各紙之書式、內容等，則知其確為一書無疑。請分別說明如次。

試就紙墨、框格而論，此三種五葉，皆楮白紙，色已灰暗，而淺深皆同，墨色沈厚，無光彩。紙幅高在三十生丁以上。版心皆高二十四生丁，框格則四維皆較行線為粗。第六紙四邊線較第四、五兩種微肥，墨色亦較暗，當為同版而印刷稍後者邪？又且與本卷第一種、P.5531 第一種絕似，則三紙之為一書審矣。

以字體而論，第四紙之前面，與第五紙之前面，皆與本卷第一種字體絕似，必為出於一人之手無疑。第一種後面，則略瘦，第六種略肥，而氣韻仍不甚殊。第五紙後面，則前五行自「哮」、「猇」至「敆」、「樛」，與前葉完全相合，字可相疊。其為同書，益不待辯而可決。以行款而論，此五紙大體皆每行三十字，每二十生丁約得十四行弱，前於第一種時，吾人計每葉全面為五十一生丁，容三十四行。以此較之，亦適相當，則行款不僅自相同，且亦與第一種相合矣。又第六紙之前五行，自「窯」字起，至「咆」字止，完全與第五紙後面可兩相疊合，無毫釐差異，其為同種，亦甚明。而第五紙「宵」韻「瓢」字以前之所殘，與第四紙「蕭」韻「簫」字以後之所殘，共為二十三行。五紙殘二十行，四紙殘三行，又四紙後面首殘六行，未殘三行，說明見後。

以今《廣韻》所有字細為較之，約殘二百七十餘字，本卷每行容字，平均為十一字強，共需二十四行，此出入一行之微數，當由本卷收字較少，或注語略簡之故，不足病也。是則四、五兩種，以行款殘餘之跡推之，亦可決其為相承之葉矣。此亦五紙為同書之一證。

試就內容審之，具為一書，益無可否認。

就韻次論之，五紙共存「先」、「仙」、「宣」、「蕭」、「宵」、「肴」、「豪」七韻，其韻目除「宵」已殘外，「先」、「仙」、「宣」、「蕭」見於第四種，「肴」見於第五種，「豪」見於第六種，皆於韻目之上記韻次「廿九」、「卅」、「卅一」之屬，韻目數字上，皆有小圈識，而又均以朱筆漫之。

每韻與韻之間，密相承接，不另提行，亦不空字。五紙自相同而亦與第一種相同。

就紐字而論，五紙皆與第一種同，上小圈識，有以朱筆漫之者，亦有不加朱者。

就反切地位而論，有置於注語之前者，如第四種「先」韻之「先」、「田」、「淵」、「牽」、「賢」，「仙」韻之「甄」、「便」、「鞭」，「宣」韻之「宣」、「全」、「詮」、「旋」、「權」，「蕭」韻之「蕭」，第五種「宵」韻之「驕」，「肴」韻之「肴」、「茅」、「包」，第六種「豪」韻之「豪」、「高」、「敖」皆是也。有置於註語之後者，在第四種如「先」韻之「千」、「牋」、「前」、「天」、「年」、「蓮」、「邊」、「蹁」，「仙」韻之「錢」、「連」、「氊」、「嘕」、「孱」、「愆」、「乾」，「宣」韻之「鑴」、「悛」、「鐉」、「緣」、「攣」、「員」等，第五種「宵」韻之「瓢」、「眇」、「腰」、「鑣」、「喬」、「鴞」、「苗」、「蹻」，「肴」韻之「摎」、「交」、「鐃」、「嘲」、「譹」、「聊」、「稍」，第六種「豪」韻之「蒿」、「叨」等皆是，而置於注後者為多。此五紙相同之一例，

亦五紙與第一種相同之一證也。

　　依上所證，則此五紙之為一種，蓋已確鑿無須侈張，且亦與第一種及 P.5531 之第一種為同類。顧或者曰，此五紙注中以宮、商等五音言姓氏，而上二種則不以五音分，此則不當為一種矣。曰以五音分姓氏，本唐人素說，宋人重修《廣韻》，亦未盡刪，此諸刊本，皆出唐末五代，則以五音分姓，固為舊習，不以五音分姓，亦不害為唐人韻書，則此不足為全書之一定例，蓋已甚明。且即以此五紙而論，分明五音者固甚多，然如「先」韻「天」字注云：「天曰員蓋，然兒，亦姓，他前反。」又「吷」字注云：「吷咽，亦姓。」第五種「宵」韻「膏」字注云：「水鳥，又姓。」第六種「豪」韻「高」字注云：「古刀反，出上也，崇敬也，遠，亦姓。」又「皐」字云：「九皐，亦姓。」諸皆不言五音，則其不為一書之定例，蓋已甚明。如是則本卷第一種與 P.5531 第一種，不以五音定姓，又何害其為一書。

第七種

　　此片殘存二斷葉，黏為一紙，前一斷葉起「侵」韻「參」字，終「監」韻「兲」字，凡七行，惟第七行稍有剝損，餘皆全。葉尾有「廿六板」字樣，後一斷葉與上葉相承，起「戭」，終「菴」，字共六行，皆全。楮白紙，紙質甚疏，不堅實，色已灰敗。版心高二十四又二分之一生丁，紙幅當在三十生丁以上。四維邊線較行線為寬，墨色尚潤澤，字體較第一種微大微肥重，體勢風格略有一二分行書，更以行款、韻次、韻首、紐字、反語、標識諸論較之，無一不與 P.5531 卷第二種相同。而其注語視第一、三、四、五、六諸種為詳，而與第二種為近，是亦同書之一證也。

　　又此片前半斷葉之末有「廿六板」字樣，而本卷第二種前半截之「廿八板」，即與此遙遙相接。何以言之？按「五十一鹽」之後，當為

「蒸」、「登」、「添」、「咸」、「銜」、「嚴」、「凡」七韻，以《廣韻》字數計之，共三百三十九字，本卷每行平均容字十一字強，至多不得過三十行照數字計當為三十行，九字，加上聲韻目七行為三十七行。益以「董」韻至「紙」韻「枳」字以前，共二百零數字，至多不得過十七行，共為五十四行。本卷每葉為三十四行，所缺二葉，共六十八行，所存「監」韻六行，當為二十七葉，「紙」韻五行在「二十八板」，則所殘為二十七板之二十八行，二十八板之二十九行，共五十七行。《廣韻》收字實較本卷略多，則本卷或且少於五十四行，則自「鹽」韻以下至「紙」韻「枳」字以前，其為二十七、二十八兩板，蓋絕無可疑者矣。

又此片韻目「五十一鹽」之「五十一」三字，非刻字而為朱書，與 P.5531 第二種之「十三駭」、「十四賄」之「十三」、「十四」全同。本卷第二種無韻目，而其亦必為朱識，蓋可自此二片而知之者也。

結論

總揭上舉各卷而合校之，則凡得唐末五代刊本二種，共十四斷片計。

第一種刻本

P.2014 卷之第一、三、四、五、六五種，共七紙。

P.2015 卷一紙，為 P.2014 卷第一種之後面。

P.5531 卷之第一種。

第二種刻本

P.2014 之第二種。

P.2014 之第七種，即與第二種遙相連接之殘葉。

P.5531 之第二種，即 P.2014 第二種之後葉。

雖然上來所陳皆自書式訂其版本，以韻書系統而論，非謂有兩刻

本，即成兩韻系不同之韻書也。吾人合此兩刻本與諸唐人寫本韻書及
《廣韻》相較則知：

一、諸唐人寫本韻書，其韻系與《廣韻》實有其演變之條貫與釐
然相襲之系統。

二、此兩種刊本，其韻系與 P.2011、S.2071、S.2683、S.2055
及本書所載諸寫本以至《廣韻》皆不同，而實自相同。

韻關辯清濁明鏡殘卷　巴黎未列號諸卷之丁

本卷殘存一葉，共十四行，起序文「得與丹字為切」三行，而承
以平聲「先」等三十八部韻目四行，又承以上聲五十一韻韻目七行。
前後及幅下邊皆有殘損。楮白紙，極疏鬆，且已敗朽，大小、版心皆
不可計度，亦無框格。字極劣而多誤，墨色輕薄，行款亦不甚整飭。
以字體、紙質論之，必不前於晚唐，然以韻部論，蓋仍存孫愐以前之
舊者。何以言之？案上聲韻目五十一韻，有「軫」無「準」、有「旱」
無「緩」，則「真」、「諄」不分，「寒」、「桓」不分，其為孫愐以前之
舊也。其證一。上聲韻目至「等」而止，而以五十一之數佩下平二十
八韻之數，則上聲無「儼」。因可推之去聲亦無「釅」。此亦孫愐以前
韻目之舊。其證二。故此書在音學之價值，當與陸書同條共貫。惜全
書所殘過多，莫由忖知其體式如何矣。

第三行下截有「韻關辯清濁明鏡一卷」九字側書，字體略小。此
當為本卷書名。蓋序文之後，當為一卷之端，端首題名，以承總目之
上。本卷大略為學徒習字之紙，謬誤最多，所以書於序文之末者，當
為補寫之故。若更以殘存序文證之，所言正是反語辯清濁之法。此九
字必為書名蓋無可疑。然此書兩《唐志》皆不載，《宋志》有僧師悅《韻

關》一卷，守溫《清濁韻鈐》一卷，鄭樵《通志》載僧行慶《定清濁韻鈐》一卷，各得此名之半。師悅、行慶不審為何時人，其書又皆不傳，莫由推知，然定字母辯清濁，唐宋之代，固多淄流為之，則此書或亦遺在方外，而未為采官所錄者耶？又此卷挩誤極多，其犖然大者，如「唐」上挩「陽」韻，「尤」下挩「侯」韻，「海」韻誤在「駭」上，「等」後誤挩「㾕」、「檻」、「范」三字，「清」字誤「青」，及「巖」、「謀」、「虞」、「限」、「賧」、「憨」、「迴」、「極」皆為誤字，不難審知者也，故不詳說。

韻書摘字殘卷　　P.2758

本卷共餘兩殘葉，全長四十八生丁，前後皆有殘損。始「喧」、「焗」等字，終「吡」、「骡」等字。白楮紙，不甚堅實，幅高二十五又二分之一生丁，無框格，有摺痕，字極劣，類初學小兒手筆，墨不甚濃厚。共存正字四百三十四字。按本卷蓋依孫愐《唐韻》一系之韻書而摘錄者也，其書名不可知，然絕非漫然摘鈔之書。

韻書殘卷　　巴黎未列號丙本

本卷殘存僅一葉。凡十一行。起「東」韻「鯮」字，終「隆」字。其中九、十兩行已殘損，不能審知。第八、第十、第十一三行，亦僅二、三字。前七行下截亦已殘，以正文審之，約殘十生丁左右。楮白紙，質不堅韌。幅大小不可計，框格豐腴，行線尚細。墨色不佳。字體極整鍊，與澤存堂本《玉篇》字體全同，當為五代精刊本。以內容而論，蓋為唐末五代人編輯孫、王諸家韻書之本。何以言之？收字較

諸唐人寫本皆多也。如「蒙」紐二十四字，「雄」紐四字，「弓」紐五字，「終」紐十五字，「蓬」紐在九字以上，皆較各卷收字為多，而「蓬」紐之「韸」，「穹」紐之「邛」，甚且為《廣韻》之所不具。

諸北宋刊本切韻　普魯士學士院藏

普魯士學士院北宋刊本韻書，余凡得四種六葉，起「慁」韻「寸」字注，終「翰」韻「馯」字，凡九行。其後殘，為一葉。又起「翰」韻「矸」字，終「爟」字注一曰贊以下而殘，凡十三行，為一葉。中惟六、七、八、九四行尚全。餘均殘。此為第一種，以 TIID1[a] 編號。一起「線」韻「面」字注，終「眷」字注，凡八行，其上截與前後俱殘。一起「號」韻「懊」字，終「芼」注，凡三行，其上截及前後皆殘。此為第二種，以 TIID1[b] 編號。第三種僅一葉，起「效」韻「皃」字，終「棹」字，凡九行，中截蝕剝極甚，以 TIID1[c] 編號。第四種亦只一葉，殘損最甚，僅存「笑」韻八字，其半且有殘防。此四種者，以紙質、墨色、書式、字體、紐韻、反語、符號諸端論之，皆為一書之散片，絕無可疑。故得輯而論之。余細為校理，因知與巴黎所藏諸唐末五代本當為同源，而成書益後，且直接為《唐韻》之母本。因斷為北宋刊本。

歸三十字母例　S.512

本卷原藏不列顛博物館。紙色白，不甚緻密，字大而不甚佳。背面有「三十字母敲韻」六字，字跡與前面同出一個人之手。凡存十一行，前八行皆分寫三截，自第九行後，略空半行，起「心」紐以下三

行，則僅寫二截。

細為本卷校理，前八行三截，每截蓋各分為二組。後三行分上下二組，共八組，每組收四母或三母，以韻為經，而以聲緯之。第一組為「端」、「透」、「定」、「泥」四母，而各以「青」、「唐」、「先」、「添」四韻調之。第二組為「精」、「清」、「從」、「喻」四母，各以「先」、「陽」、「鹽」、「真」四韻調之。第三組為「知」、「徹」、「澄」、「來」四母，各以「陽」、「東」、「清」、「真」四韻調之。第四組為「審」、「穿」、「禪」、「日」四母，各以「蒸」、「陽」、「真」、「侵」四韻調之。第五組為「見」、「溪」、「群」、「疑」四母，各以「侵」、「庚」、「元」、「魚」四韻調之。第六組為「不」、「芳」、「並」、「明」四母，各以「先」、「模」、「真」、「魚」四韻調之。第七、八兩組各只三母，第七組為「心」、「邪」、「照」而各以「尤」、「陽」、「侵」、「先」四韻調之。第八組為「曉」、「匣」、「影」而各以「青」、「模」、「桓」、「先」四韻調之。其中有誤字率書，可即此例而推之。「磎」紐第三字原寫作「褰」，在今「仙」韻，而同列之「犍」、「言」皆在「元」韻，則「褰」當為「蹇」字之誤。「群」紐第三字原作「蹇」，在「阮」韻，其同列之三字皆在「元」韻，而「元」韻「群」紐無與「蹇」形近之字，或借上聲字為之。又「邪」紐第三字作「錫」，其同列之二字為「青」、「清」韻，今「青」、「清」二韻皆無此字與可與形譌之字，惟卷末《切字要法》與《韻鏡》卷前歸納助紐字，「邪」母用「餳」、「涎」二字，「錫」或為「餳」之誤與？「徹」母第四字作「縝」，以倒推之，當為「緽」之誤。「知」紐第二字作「每」，「日」紐第三字作「忎」，以例推之，「每」或為「哀」誤，「忎」則六朝以來所傳之「仁」字古文。見《古文四聲韻》一書引《古孝經》。其他如「天」之作「兂」，「延」之作「㢟」，「墻」之作「墻」，「祅」之作「祆」，「暜」之作「替」，「鹽」

之作「塩」，「京」之作「亰」，「魚」之作「魰」，「張」之誤「悵」，「珍」之作「珎」，「鄰」之作「隣」，皆當時俗偽，或雜用古今字體者也，無關宏旨，不及一一論證之矣。

字寶碎金殘卷　P.2717

本卷共存一百八十六行，前後皆有殘損，餘皆完好。起序文「較量緝成一卷」句，終人聲「雨霎霎」一辭，凡存序文六行，口語一百八十行。楮白紙，質甚疏鬆，框格不具，每行皆分寫兩語，成上下截，然亦有三語占一行者。多於下截錄兩語，如平聲之「胭項」、「抙減」、「頭顊」、「趦趄」、「慵饞」等皆是。字極劣，墨極薄，行款尚疏朗。全卷以四聲分。所錄皆唐時口語或俗語。而於不甚通俗之字，注以反音或直音。一語中有但注一字之音者，有注二、三字者，其語今世雖尚有存者，如「膛眼」、「穒鳥」、「齙齴」、「濛泥」（今讀上聲）諸語，而不可解者為多。如「面皻風」、「孱嘐」、「皾袋」等，不可勝計。其字亦多當時俗書譌造，如「䞤」音所交反，「㮩」音西，「嚾撺」音七官乃朱二反，「𪗋」即兮反，「縋」直類反，「倕」疋問反，「颾皺」音臘荅。又如「疊」之作「疉」見上聲，「傘」之作「傘」，皆當時俗譌或新造之字矣。

張球籯金殘卷　S.4195

全長四十八生丁，紙幅高二十五生丁半，正面為《佛説因緣經》，上端雜寫「天意義」等三十三字。其中「殖」字有「音寔多也」，則為此書之音義矣。背面為《籯金》殘卷，存「□□第一」、「諸君篇第

二」、「諸王篇第三」、「公主篇第四」四小節。起「顓頊」二字，止「訓組」二字，共存三十行。持與 P.2537 卷校，篇第相同，當為張球略出本，而非李若立原本也，余有抄片。

千字文殘卷　　P.2888

寫本。黃紙，字劣，伯氏原注作墓誌銘，非也。此《千字文》殘卷也。卷末有「張富通用本」一題，則當時民間習用之書，巴黎、倫敦藏此等卷子極多，余該時多未敍錄。余憶其中有篆書、楷書、行書諸體，且有以藏文對譯者、有加注者，亦一時民間風習所尚之書也。

吳彩鸞書切韻事辯及其徵信錄

　　文簫、吳彩鸞故事出唐人小說。唐之才人於學多陋，徒好文辭，閒暇無所用心，則想像幽悟遇合、神仙俠隱、才情恍惚之事，作為詩歌、文章，朋從相聚，各出行卷以相娛玩，非必真有其事，謂之傳奇。然龍興紫極宮寫韻軒，宋時尚存，「高據城表，面西山之勝；俯瞰長江，間乎民居官舍之中，特為敻絕。秋高氣清，望見上游諸郡之山，若臨山之玉筍，他處所莫及。」（見《道園學古錄》）。則傳說之中人心，蓋久而不衰。彩鸞寫韻，賣在人間，宋人傳者極多。《宣和書譜》、宋中興館閣儲藏皆載之。《秋澗集》、《玉堂嘉話》云：「吳彩鸞龍鱗楷韻，後柳誠懸（原作懸誠，誤。誠懸，亦一時書家。其《度人經》小楷傳世頗有名，見《道園學古錄》。其書至明尚藏項少溪家）題云：『吳彩鸞，世傳謫仙也，一夕書《廣韻》一部，即鬻於市，人不測其意。……數載勤求，方獲斯本，觀其神全氣古，筆力遒勁，出於自然，……其書共五十四葉，鱗次相積，皆留紙縫。』」記之最詳。歐陽公《歸田錄》論葉子格謂：「凡文字有備檢用者，卷軸難數，不宜卷舒，故以葉子寫之，如吳彩鸞《唐韻》、李命《彩選》之類。」則其書

式為葉子式。《敏求讀書記》亦言：「《雲煙過眼錄》云：『焦達卿有吳彩鸞書《切韻》一卷，予以延令季氏曾覩其真蹟，逐葉翻看，展轉至末，仍合五卷。』」則書式為葉子式，又得一證，且知其書為五卷。又《式古堂書畫彙考》卷八，有《唐女仙吳彩鸞楷書四聲韻帖》，注云：「徽宗書籤，題『韻帖』，共六十葉，每葉皆面背俱書。」其書式之可考者，又得一事。總而言之，則書式之可考者四：（一）葉子式；（二）面背俱書；（三）共五十四葉或六十葉；（四）分五卷。而字跡可考者，以《玉堂嘉話》為最具體。而韻部之分合，則以魏鶴山及周公謹所言最重要。按宋本《魏鶴山全集・唐韻後序》言：「余得此書（《唐韻》）於巴州使君王清父，相傳以為吳彩鸞所書，結字菲美，編次用葉子樣」，「於二十八刪、二十九山之後，繼之以三十先、三十一仙，上聲去聲亦然。」（又見《困學記聞》引）則韻部出入，與陸法言《切韻》、宋人重修《廣韻》皆不相合。周公謹《雲煙過眼錄》則云：「吳彩鸞所書《切韻》，一先、二仙為二十三先、二十四仙。」又自不同。唐人增補修正陸韻者多家，則所寫不名一家，自有此等異狀。然不論其韻部之同異如何，而其為吳彩鸞所寫之傳說則一也。《攻媿集》又有《次韻章樞密賦吳彩鸞玉篇》、《跋宇文廷臣所藏吳彩鸞玉篇鈔》，則宋元人所見韻字書，盛稱為吳氏手跡者多矣。余於巴黎得敦煌藏唐人寫本《切韻》數十卷，其中 Pelliot 編號之第 2011，共存四十三面，起五支「鸝」字，終四聲二十四業「攝」字，依余所考，大約殘六面至八面，與五十三之數相近，字體極紹秀，剛健猗儺，兼而有之，雖靈飛、樂毅諸帖，恐無以過之。行款亦極緻密，而安排則疏朗，綽然裕如，與諸家稱說亦近。原卷平聲分卷分目，則亦為五卷本，而韻目部數，先即承二十六山為二十七先，上去聲同。凡此諸端，與上引諸家說皆相同，而原卷第十四頁後面第八行末，睟字、目字兩字之間，及原第五頁前

面第三十行第二字「購」下「贖」字側，皆有胭脂圓點，色極鮮明，大如紅豆。又第十頁後第五行「疒」字注「□不」二字之側，亦有鮮豔之胭脂小圈。余遍檢敦煌獻寶，近二千卷，未見有胭脂渲染之跡，且麗濃如是者，則女仙傳言之說，不為無因。余意唐代婦女習書史者至多，韻書為當日學士所必備，則璇閨寫韻，以佐良人取富貴，爭功名者，必大有人，而貧家婦女，有寫韻賣之以代織紝者，亦意中事。因其字跡紹秀，人爭傳之，以為韻事。而文人虛構才情恍惚之說，以聳聽聞，以傳神奇，固亦當時風習如此而已。此雖小事，亦關一代風習，故余亦因而著之。茲將宋以來彩鸞書《切韻》事蹟諸家所記，錄之以為徵驗：

《宣和書譜》載御府所藏唐女仙吳彩鸞正書一十有三，計《唐韻》平上下、上、去、入五卷，又《唐韻》上下二卷，又《唐韻》六卷。故十三卷者，則三種也。其六卷本，疑唐諸家本為一本卷也。

張丑《清河書畫舫》言：「項少溪寶藏吳彩鸞正書《唐韻》全部，鮮於承旨故物，復為陸太宰全卿所購」云云，則明時尚在人間也。又董其昌《容臺集》亦言：「柳誠懸小楷《清淨經》，予摹於海上，潘光祿刻之《戲鴻堂帖》中。」則董氏猶見柳氏書也。至《度人經》，張丑、陳繼儒皆以為原藏項少溪家，今授仲子希憲云云。

附錄歷代各家記載

女仙鸞自言西山吳真君之女。太和中，進士文簫客寓鍾陵。南方風俗，中秋月夜婦人相持踏歌，婆娑月影中，最為盛集。簫往觀焉。而彩鸞在歌場中，作調弄語以戲簫。簫心悅之。伺歌罷，躡蹤其後。至西山中，忽有青衣燃松明以燭路者，彩鸞見簫，遂偕往。復歷山椒，有宅在焉。至其處，坐席未煖而彩鸞據案如府司治事。所問為江湖溺死人數。簫他日詢之，彩鸞初不答，問至再四，乃語之：「我仙子

也，所領水府事。」言未既，忽震雷迅發，雲物晦冥，彩鸞執手版伏地作聽罪狀。如聞謫詞云：「以汝洩機密事，罰為民妻一紀。」彩鸞泣謝，謂簫曰：「與汝自有冥契，今當往人世矣。」簫拙於為生，彩鸞為以小楷書《唐韻》一部，市五千錢，為糊口計。然不出一日間，能了十數萬字，非人力可為也。錢囊羞澀，復一日書之，且所市不過前日之數。由是彩鸞《唐韻》世多得之。歷十年，簫與彩鸞遂各乘一虎仙去。《唐韻》字畫雖小，而寬綽有餘，全不類世人筆，當於仙品中別有一種風氣。今御府所藏正書一十有三：《唐韻》平聲上、《唐韻》平聲下、《唐韻》上聲、《唐韻》去聲、《唐韻》入聲，《唐韻》上、下二，《唐韻》六。

（《宣和書譜》）

　　鍾陵西山有游帷觀，每至中秋，車馬喧闐十里許，若闤闠。豪傑多召名姝善謳者，夜與丈夫閒立把臂，連踏而歌，惟對答敏捷者勝。太和末，有書生文簫往觀，覘一姝甚妙。其詞曰：「若能相伴陟仙壇，應得文簫駕彩鸞。自有繡襦並甲帳，瓊臺不怕雪霜寒。」生意其神仙，植足不去。姝亦相盼。歌罷，獨秉燭穿丈松徑。將盡，陟山扣石冒險而升。生躡其蹤。姝曰：「莫是文簫耶？」相引至絕頂坦然之地。後忽風雨裂帷覆機。俄有仙童持天判曰：「吳彩鸞以私慾洩天機，謫為民妻一紀。」姝乃與生下山，歸鍾陵，為夫婦。

（《誠齋雜記》）

　　仙人吳彩鸞書孫愐《唐韻》凡三十七葉，此唐人所謂葉子者也。按彩鸞隱居鍾陵西山下，所書《唐韻》民間多有。余所見共六本。此一本二十九葉彩鸞書，其八葉後人所補，氣韻肥濁不相入也。

（《黃山谷集》）

　　裴鉶《傳奇》載成都古仙人吳彩鸞善書小字，嘗書《唐韻》鬻之。

今蜀中導江迎禪院經藏中《佛本行經》六十卷乃彩鸞所書，亦異物也。

（張邦彥《墨莊漫錄》）

洪龜父朋《寫韻亭》詩云：「紫極宮下春江橫，紫極宮中百尺亭。水入芳洲界玉局，雲映遠山羅翠屏。小楷四聲餘翰篇，主人一粒盡仙靈。文簫彩鸞不復返，至今神界花冥冥。」

（呂本中《紫薇詩話》）

樓鑰《跋宇文廷臣所藏玉篇鈔》云：「始予讀《文簫傳》，言吳彩鸞書《唐韻》字，疑其不然，後於汪季路尚書家見之，雖不敢必其一日可辨，然亦奇矣。為之賦詩，且辨其為陸法言《切韻》。茲見樞密宇文公所藏《玉篇鈔》則又過之，是尤可寶也。既謂之鈔，竊以為如《北堂書鈔》之類，蓋節文耳。以今《玉篇》驗之，果然不知舊有此鈔而書之耶？抑彩鸞以意去取之耶？有可用之字略之，有非日用之字而反取之。部居如今本，皆以朱字別之，而三字五字止以墨字書之。次序皆不與今合。不可致詰，輒書前歲所與汪氏詩《跋》於左，庶來者得以覽觀。」

（《攻媿集》）

宇文廷臣文孫家有吳彩鸞《玉篇韻》，今世所見者《唐韻》耳。其書一先為廿三先，廿四仙不可曉。又導江迎禪寺有彩鸞書《佛本行經》六十卷，或者以為唐經生書。

（《硯北雜誌》）

龍興紫極宮寫韻軒，世傳吳彩鸞寫韻於此，軒以之得名。予昔在圖書之府及好事之家有其所寫《唐韻》。皆硬黃紙書之，紙素芳潔，界畫精整，結字遒麗，皆人間之奇玩也。

（《道園學古錄》）

虞集題吳彩鸞《唐韻》真跡後：「豫章城頭寫韻軒，繡簾窣地月娟

娟。尋常鶴唳霜如月，書到人間第幾篇。」

（《道園學古錄》）

元詹玉題寫韻軒調《桂枝香》：「紫薇花露，瀟灑作涼雲，點滴勾羽。字字飛仙下筆，一簾風雨。江亭月，觀今如許。嘆飄零，墨香千古。夕陽芳草，落花流水，依然南浦。正兩兩凌風駕虎，恁天孫標緻，月娥眉嫵。一笑生風，那學世間兒女。筆床硯滴，曾窺處。有西山、青眼如故。素箋寄與，玉簫聲徹，鳳鳴鸞舞。」

（鳳林書院《草堂詩餘》）

彩鸞與文簫遇在文宗太和末，而《法苑珠林》則寫於天寶早間，豈神仙隱顯原非時代之可限歟？

（陳宏緒《寒夜錄》）

吳彩鸞龍鱗楷韻後柳誠懸題云：「吳彩鸞世傳謫仙也，一夕書《唐韻》一部，即鬻於市。人不測其意。稔聞此説，罕見其書。數載勤求，方獲此本。觀其神全氣古，筆力遒勁，出於自然，非古今學人所及也。時惟太和九年九月十五日題。」其制共五十四葉，鱗次相接，皆留紙縫，天寶八年製。

（《庚子銷夏記》）

項氏寶藏吳彩鸞正書《唐韻》全部，原係鮮於伯機故物，後為陸太宰全卿所購，名跡也。雖字細僅若蠅頭，而位置寬綽有餘，全不類世人行筆，當於仙品中求之乃得。

（《清河畫舫錄》）

唐吳彩鸞書《唐韻》一冊。上等天一。素箋烏絲闌本，楷書，並原序二則。上朱書署「王仁煦序長孫序」七字。無款，姓氏見《跋》中。凡三十八幅。第一幅有「宣和」、「紹興」、「乾卦」三璽，又「神品天籟閣」、「長字賢志堂印」、「子孫永保」、「項墨林父祕笈之印」、「項

元汴印」、「墨林山人」諸印，又半印二，存「山人」、「世昌」四字，
又邊幅有「圖史自娛」一印；第二幅有「墨林父」、「平生真賞」、「墨
林」三印；第三幅有「墨林秘玩」、「項子京家珍藏」、「項墨林父祕笈
之印」三印；第五幅有「項元汴印」、「墨林山人」二印；第八幅有「項
元汴印」、「子京所藏」二印；第九幅有「墨林秘玩」、「靜因菴主」、「子
京」三印；第十幅有「墨林秘玩」、「墨林」二印；第十一幅有「子
京」、「項元汴印」二印；第十二幅有「墨林山人」一印；第十三幅有
「項墨林父祕笈之印」、「墨林山人」、「項元汴印」、「子京」諸印；第
十四幅有「項元汴印」凡二，又「墨林山人」、「神品天籟閣」、「子孫
永保」、「項子京家珍藏」、「檇李項氏世家寶玩」諸印；第十五幅有「神
品寄傲」、「項墨林鑑賞章」、「墨林秘玩」、「子京」、「子孫永保」、「墨
林」諸印；第十六幅有「墨林秘玩」、「墨林」、「項元汴印」三印；第
十七幅有「子京珍秘」、「墨林」、「項元汴印」三印；第十八幅有「墨
林秘玩」、「項元汴印」、「墨林」三印；第十九幅有「墨林」、「項元汴
印」各二印，又「子京珍秘」、「子京父印」二印；第二十幅有「項元
汴印」、「墨林秘玩」、「墨林山人」、「墨林」、「子京」諸印；第二十
一幅有「墨林」一印，又「墨林秘玩」、「項元汴印」各二印；第二十
二幅有「墨林」一印，又「項元汴印」、「墨林山人」各二印；第二十
三幅有「墨林」、「墨林山人」二印；第二十四幅有「墨林」二印，又
「墨林山人」一印；第二十五幅有「項元汴印」、「墨林山人」各二印；
第二十六幅有「墨林」二印，又「項元汴印」、「墨林山人」二印；第
二十七幅有「項元汴印」、「墨林」各二印，又「墨林山人」、「墨林秘
玩」二印；第二十八幅有「墨林山人」、「項元汴印」各二印，又「墨
林秘玩」、「子京珍秘」、「墨林」諸印；第二十九幅有「項子京家珍
藏」、「墨林山人」、「子孫永保」、「墨林秘玩」、「墨林」諸印；第三

十幅有「項元汴印」凡四，「墨林山人」印二，「墨林秘玩」印二，又「子京」、「子京珍秘」、「子京所藏」、「項墨林父祕笈之印」、「子孫世昌」、「子孫永保」、「項子京家珍藏」諸印；第三十一幅有「墨林山人」、「子京珍秘」二印；第三十二幅有「墨林秘玩」、「墨林山人」、「子京所藏」三印；第三十三幅有「子京」、「墨林秘玩」、「子京所藏」、「墨林山人」諸印；第三十四幅有「子京所藏」、「墨林秘玩」二印；第三十五幅有「墨林」、「子京」、「項元汴印」三印；第三十六幅有「墨林」、「墨林秘玩」、「項元汴印」三印；第三十七幅有「子京所藏」、「項元汴印」、「墨林秘玩」、「子京」諸印；第三十八幅有「乾卦」、「御書」、「廣仁殿」、「政和」諸璽，又「墨林秘玩」印二，又「子京所藏」、「退密」、「墨林山人」、「子孫世昌」、「賢志主人」、「項子京家珍藏」、「項墨林鑑賞章」、「檇李項氏世家寶玩」、「神品天籟閣」、「項墨林父祕笈之印」、「項叔子」、「張羽鈞」諸印。後幅頁項元汴《跋》云：「女仙吳彩鸞，自言西山吳真君之女。太和中，進士文簫客寓鍾陵。中秋夜，見於踏歌場中。伺歌罷，躡蹤其後。至西山，彩鸞見簫，偕往。山椒有宅焉。至其處，席未暇暖，彩鸞據案治事。簫詢之再四，乃曰：『我仙子也，所領水府事。』言未既，忽震雷晦冥。彩鸞執手版伏地作聽罪狀。如聞謫詞云：『以汝洩機密事，罰為民妻一紀。』彩鸞泣謝，謂簫曰：『與汝自有冥契，今當往人世矣。』簫拙於為生，彩鸞為以小楷書《唐韻》一部，市五千錢，為餬口計。然不出一日間，能了十數萬字，非人力可為也。錢囊羞澀，復一日書之，且所市不過前日之數。由是文簫、彩鸞遂各乘一虎仙去。《唐韻》字畫雖小，而寬綽有餘，全不類世人筆，當於仙品中別有一種風度。予偶得此本，遂述其本末行實，使有所徵云。墨林山人項元汴敬題。時萬曆壬午仲冬八日前。」有「內府圖書之章」一璽，又「政和」半璽，又半

印二，存「祕笈之印」、「世昌」六字。後有「項元汴印」、「項子京家珍藏」、「子孫世昌」、「項叔子」、「檇李項氏世家寶玩」、「天籟閣」、「項墨林鑑賞章」、「梁清標印」、「蕉林秘玩」、「子京」、「墨林秘玩」諸印。又記語有「唐女仙吳彩鸞小楷書四聲韻項元汴真賞」十七字。前副頁有「蕉林收藏」一印。幅高八寸四分，廣一尺三寸九分。

（《石渠寶笈》二十八 1）

　　唐吳彩鸞書《唐韻》一卷。上等宙一。素箋本，楷書，並注，無款，姓名見《跋》中。凡二十四幅，俱正背兩面書。第一幅只書一面，幅前有「文府寶傳」一印，又「吳俊仲傑」一印，末幅有「明德執中」一璽，又「清真軒」、「駙馬都尉」、「王府圖書」、「吳俊仲傑」諸印，又「押」字一，上鈐「河南書訖」一印，又半印三，漫漶不可識，又宋濂《跋》云：「右吳彩鸞所書《刊謬補缺切韻》。宋徽廟用泥金題籤，而前後俱完。裝潢之精亦出於宣和內匠。其為真跡無疑。余舊於東觀見二本，紙墨與之正同，第所多者柳公權之題識耳。誠希世之珍哉。翰林學士承旨金華宋濂記。」前隔水有「洪武參拾壹年肆月初九日重裝」十三字，又「裱褙匠曹觀」五字。押縫有「文華之記」一印。後隔水押縫有「政和」二璽，「宣和」一璽。拖尾有「內府圖書之印」一璽，又「吳俊仲傑」、「橫河精舍」三印。幅高八寸三分，廣一尺五寸二分。

　　按：宋濂《跋》所云宋徽宗泥金題籤今缺，宣和七印亦只存其四，顧歲月既久，轉屬多人，而廿四幅全韻猶宛然全璧，其世間至寶，真有神物呵護耶？

（《石渠寶笈》二十九 22）

　　唐女仙吳彩鸞《四聲韻帖》徽宗御書，籤題「韻帖」。共六十葉，每葉面背俱書，帖內小字自注。各有項氏印，不錄。

李朱文　｜冰清｜　連珠朱文　｜超凡絕俗｜ 朱文　｜冠裳珮玉｜ 白文　｜友古齋珍玩印｜ 朱文

《唐韻》卷第　平聲五十平聲上廿六韻

｜宜和｜ 朱文　｜紹｜｜興｜ 連珠朱文　｜政和｜ 朱文　｜紹｜｜興｜ 連珠朱文鳥篆

計一十二葉。

《唐韻》平聲上第一

《唐韻》卷第二　平聲下廿八韻

計一十一葉。

《唐韻》卷第三　上聲五十二韻

計一十一葉。

《唐韻》卷第四　去聲五十七韻

計一十一葉。

《唐韻》卷第四　去聲

《唐韻》卷第五　入聲三十二韻

計一十五葉。

｜揚州季因是收藏印｜ 朱文　｜季氏寓庸｜ 白文　｜陳印定｜ 朱文　｜紹｜｜興｜ 連珠朱文　｜藎臣｜ 半

朱半白文　｜應召｜ 朱文

（《氏古堂書畫彙考・書八・吳彩鸞2》）

《唐韻》一部

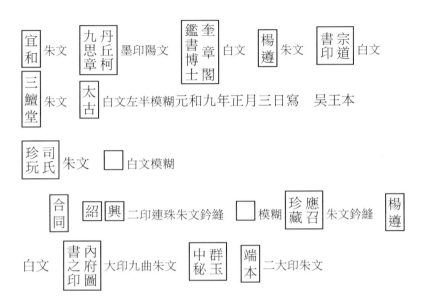

　　右女僊吳彩鸞書《唐韻》真跡。彩鸞之事備載書史。小字能寬綽，此仙之妙於書也。況得五聲俱全，尤為可寶。奎章閣學士院鑑書柯九思審定。

　　宋徽廟祕府收藏唐女仙吳彩鸞小楷書《唐韻》一部，名人題識，明山人墨林項元汴真賞，其值六百二十金。

季應召觀璽  半白半朱文　　　二印朱文

外錄

《書畫舫》云：「項氏寶藏吳彩鸞正書《唐韻》全部。原係鮮於伯幾故物，後為陸太宰全卿所購，名跡也。雖字細僅若蠅頭，而位置寬綽有餘，全不類世人行筆，當於仙品中求之乃得。」

又云：「女仙吳彩鸞日書《唐韻》一部，其字不減十萬，又作蠅頭小楷，位置寬綽有餘，真奇絕也。後惟松雪翁筆法純熟，伸紙疾書，一日僅能楷行三萬字，雖亭勻，而柔媚有愧彩鸞多矣。」

彩鸞書《切韻》小楷書，張特義藏。

右仙人吳彩鸞書孫愐《唐韻》凡三十七葉。此唐人所謂葉子者也。按：彩鸞隱居在鍾陵西山下，所書《唐韻》民間多有，余所見凡六本，此一本二十九葉彩鸞書，其八葉後人所補，氣韻肥濁不相入也。山闕字。

外錄

《道園學古錄》詩云：「豫章城頭寫韻軒，繡簾窣地月娟娟。尋常鶴唳霜如水，書到人間第幾篇。」

《雲煙過眼錄》云：「吳彩鸞《切韻》一卷，其書一先為廿三先，廿四仙不可曉，字畫尤古。此物舊藏鮮於伯幾，今又屬他人矣。」

《研北雜志》云：「宇文廷臣文孫家有吳彩鸞《玉篇鈔》，今世所見者《唐韻》耳。其書一先為廿三先，廿四僊不可曉。又導江迎祥寺有彩鸞書《佛本行經》六十卷，或者以為特唐經生書也。」

《倪雲林集》云：「誰見文簫逐彩鸞，碧山蘿月五更寒。猶遺寫韻軒中跡，留得風流後世看。」

（《式古堂書畫彙考·書八·吳彩鸞3》）

敦煌小識六論

一　敦煌藝術之變化

（一）藝術以人民生活現實而變　全部敦煌美術無不以此而變，變之最大者是與人民生活實際最切的變得最真切。即以純宗教的美術而論，凡宗教性最重、崇奉最大的人與物，其變最少。天王像比迦葉像變的大，迦葉比維摩詰像變的大，往往突破宗教性質而為之。維摩像比文殊、普賢大，文殊、普賢比釋迦佛大。觀音變相最多，為另一問題。其中釋迦單身像，不論是畫、是塑，在敦煌作品中（《本生故事》中相傳人物，是用中國畫法。但是佛菩薩像，則同於中亞傳來的希臘式佛教美術雕刻的形式），自六朝至元，是變化最小的，幾乎不受時代變遷的影響，也無所謂中印接觸多寡的影響。這是說明人民對於佛的崇敬最高。在人民的信仰中最堅實，在宗教傳說中最定型。人民藝人受到這兩種宗教制約，於勢不能變也。完全是一種保守態度，所以衣褶方面常常模仿希臘式佛教美術雕刻佛像的標本，有一定的式樣。

（二）漢畫兩系　自秦一統天下，中央集權之政治制度成立，統治

階級之貴族，與被統治者之平民，分立益顯。漢承秦制，其影響於政治社會者，固不必論，即以文化學術方面而言，似亦有在官與在民之兩系。如諸子之學，在官者有黃老儒術，在民者有墨家與縱橫俠義，而儒家末流，復分今古，初則今文在官，繼則古文爭起，凡稍習中國學術史者，莫不知之。

以繪事一端而論，歷代畫史所載，祕府所藏，如文帝未央宮、承明殿之畫，武帝甘泉宮天地鬼神壁畫，賜霍光之周公輔成王畫，宣帝之麒麟功臣圖像，成帝畫趙充國之像於甘泉宮，並及匈奴王後之像，光明殿之正人烈士像，毛延壽宮中畫像，王延壽《魯靈光殿賦》及《兩京》、《兩都》所載明帝纂述經史故事之畫官圖，雲臺二十八功臣像，《歷代名畫記》言武帝創製祕閣以聚書畫，明帝雅好丹青，別開畫室，又創立鴻都學以集奇藝，除畫官圖、二十八功臣圖外，尚有列仙圖、禹貢圖。又集佛教經典與畫於白氎上之佛像，仿造數本，置南宮清涼臺及顯節壽陵。又畫千乘萬騎遶塔三圖於白馬寺壁，天下藝術品雲集。及董卓之亂，西遷，京邑圖書縑帛，多為軍人取為帷囊，所收關西七十餘乘，遇雨道難，半皆遺棄。所遺一半，至唐尚有孑存，而今日已半紙片絹，皆無存者，其內容固不能詳知。但就題名窺之，多不出「訟美功德，祈敬鬼神」、「稱道聖哲」、「畫圖佛跡」等事，再以武梁、孝堂、響堂諸石刻證之，大抵「游心於往昔，垂念於神奇」者為盛。此可謂官學之藝事。及觀東北營城子漢墓壁畫，遼陽棒子臺漢墓，河北望都漢墓，成都楊子山墓，廣州東郊漢墓，洛陽郊區五百座漢墓，及河南之輝縣、禹縣、陝西西安、甘肅古浪、熱河興隆等地近年出土之壁畫石刻，就其內容而論，則多耕作、紡織、舂杵、汲領、市集、駕車、撐船、畢鳥、鬥獸、殺牲、漁獵等，凡與當時人民生活有關之事，莫不畫繪，且莫不繁複生動，真切感人，生氣勃勃，得未

曾有，與在官藝術，適成對比。此可謂為在民之藝。若更就其作風而論，孝堂、響堂諸石刻，雖極古樸拙直，而象徵意味極重，而諸墓畫則寫實風格極顯，故可作一斷語曰：「漢代官家統治階級之藝術，乃陳舊、衰朽，近於死亡之象徵作品；而民間藝事，正以真實、活潑、新鮮、實際生活為對象之寫真作品。」魏晉以後，中土藝事之發皇，亦正賴此等民間藝術為之先導，此究心文化藝術史者所不可不知者也。

（三）北魏以前中土的美術　敦煌考古發掘所發現的六朝初期畫磚風範，實與遼陽漢墓四八三 P 前壁畫極其相近，這是敦煌藝術未受佛教東來影響以前的本來面目——這是説它是純粹中國式的作品。

（四）敦煌美術來源自東小考　敦煌初期的佛教藝術，一定是從南方去的無疑，張僧繇的畫佛最早。便是佛教畫有名四典型之一的曹仲達，亦南方人。北魏雖然也有董伯仁畫白雀寺，北齊劉殺鬼畫大定寺，就非南方之敵。南方此時往往從廣州運入佛像，建業、荊州、廣陵一帶的大寺，都向更南地方去奉求金身供養，在南方都起了典型式範作用。

東晉太和（三六六至三七〇）時，造像大興，竺道一之造金鍱千像，慧護之丈六釋迦牟尼像，都是印度作風。而戴逵的丈八彌陀像，與夾紵之行像，則依據經典，想像創造，不因襲印度稿本，是為中國佛教藝術分立派別之始。

南朝初期的劉宋，鑄銅佛像至丈六、丈八者，史不絕書。小金像時有製作，塑像檀像更為普偏，有名的戴顒所造尤多。此時印度藝術的兩派，犍陀羅與中印派，與中國想像而得的戴逵所作，都在南方流行。中期的梁武帝信佛尤篤，光宅寺的丈八彌陀像，大愛寺的丈八檀像銅像，同泰寺的十方佛銀像，而南梁的壁畫為尤盛。又遣和尚郝騫到印度，傳入舍衞國祇園精舍鄔陀衍那王的檀像模型造而歸。印度和

尚到中國的，如迦佛陀、摩羅菩提、吉底俱等，皆善畫佛像。中印的壁畫，也由此輸入中國，廣施於武帝所建諸寺。這些事實，是否件件都與敦煌藝術有關，自不必去多加附會，但敦煌初期藝術，受南方佛寺影響，是不成問題的。

　　大概秦將呂光率領車師王等討伐龜茲、焉耆，平定西域之後，北方與中亞久斷的交通，此時必然重興。而龜茲僧鳩摩羅什從呂光來到涼州，應算佛教由北方再入中國之始，必然帶人了中亞一帶的藝術，但這些藝術是否也受印度影響是很難説的（見後）。此時正是北魏建國之初，南朝佛事正在大大發展中。北魏初期禁佛毀寺，但等他到達中原建都洛陽之後，造像建寺之風大盛，洛陽一地的佛寺林立，必然是用南方僧眾之力。敦煌經卷中有洛陽佛寺中僧尼寫經，此必由洛陽僧尼之到敦煌者傳人，亦敦煌藝術隨時由東去之一證。直接大量由西方吸取印度藝術，應自唐代與西方貿易關係發達以後，乃至在玄奘以後，才大發達。玄奘去時，途中極艱難，則其時交通尚未大發達也。近年庫車大龜茲所出壁畫，如佛再生説法圖等，差無意趣，且絕無印度作風，可為敦煌唐以前不受西域化印度藝術之佳證。但《魏書‧釋老志》有這樣一段話：

　　太安初，有師子國胡沙門邪奢遺多、浮陁難提等五人，奉佛像三，到京都，皆云備歷西域諸國，見佛影跡及肉髻。外國諸王咸遣工匠摹寫其容，莫能及難提所造者。去十餘步視之，炳然，轉近轉微。

是北魏有從西方來的胡僧，而且是備歷西域諸國，而且有工匠摹寫的事實了。這時正是在魏已移洛陽，大造雲岡石佛（始興安二年，西元四五三）的第二年。雲岡石佛，主其事者為曇耀，其一部分雕像與裝飾（如佛籟洞毗紐天像和濕婆天像，又如多數舊壁上的浮雕），不僅有

濃厚的南天竺、錫蘭風味，且其式樣與作風，均有仿傚犍陀羅石刻之跡。但此事已在永和九年後一百多年了。

（五）中印藝術的影響　印度阿旃陀石窟的建築，開始前於敦煌者近五百年，而完成則後於敦煌二百年。在此時期，中印交通已大發展，則不論敦煌、雲岡、龍門、麥積、天龍山乃至南方諸地之寺窟，莫不受到這一事的影響，所以阿旃陀的降魔變（第一洞）見於我國各地的壁畫，在敦煌，在法隆寺，皆有此一主題之作品，雖各有其民族特有的形勢。又如龍王、天王等像，莫不皆然。到隋唐之際，則西域的尉遲父子人仕中原，有凸凹畫法，使中土繪畫受大影響。凸凹畫法，實與印度阿旃陀之渲染深淺方法分出明暗陰影者同源。此唐畫法之一大進步，為中印交流不可否認之事實。

（六）犍陀羅的影響　犍陀羅式用筆挺拔雄健，光色明顯、熱烈，可說是超現實主義的擴張表式。隋唐作風，則與此異，深受中土固有作風影響，用筆不雄健，也不十分嚴整，用色平塗，以青綠為多。可是在形式上，仍未脫西法，長身細腰，深眼高鼻，重白粉，如畫鼻及眼眶，而求其凸出。在唐朝二、三百年間，它完全脫去犍陀羅式的風格，而自成為東方作風。佛像雍容和悅，細密大方，用筆圓潤，設色富麗，高光渲染，成為一種遊絲描法。至宋、元時畫，一部用筆，略有頓挫，漸脫棄遊絲描法。

（七）存世之紙絹麻布畫　絹紙畫幅存於今者，雖尚有兩晉南北朝之作，而真偽不易辨，惟六十年來敦煌所出為最多而可徵信。大都流入英、法、俄、日等國，而斯坦因氏所劫為最多。國內極少見。羅振玉氏有所藏，不知尚在國內否。就余所知，故宮博物院、上海博物館皆有庋藏。南林蔣氏有于闐公主供養地藏菩薩像（即李聖天之孫女為敦煌歸義軍節度使曹延祿妻）乃曹氏繪觀音菩薩像。又葉昌熾學使甘

肅時，得佛像一幅（癸巳十一月十二日），南無地藏菩薩像疑即南林蔣氏一幅（甲辰九月五日日記）。又端方亦藏開寶八年靈修寺尼畫觀音像。聞敦煌李氏、上海陳氏、北京某氏亦各有數幅，惜皆未得見。

余在巴黎時曾於琪美博物館 Musee Guimet 見四幅壁畫，乃麻布底。伯希和君告余，乃原剝之壁上者。不列顛博物館亦有此種麻布畫。雲南博物館有故友高蔭槐君捐人之菩薩一幀。余疑當時有以麻布為畫面者。大體麻布畫有兩種：一為貼於壁上之壁畫，英法兩處所藏屬之；一為普通畫面，即以麻布作紙絹用者，高君所捐一種屬之。

（八）唐衣服頭面飾　供養人衣服頭面飾，可以考見一代文物制度。茲略為紹介如次。

衣服的情況。衣有深服、淺服、短服之別。深服僅露靴尖，淺服則露足。短服即短褐，前短後稍長，多為武士行人裝。又如領有方圓之別。方領同我們現在穿的長衫略近而較高，有的前低後高，高了包著後腦。圓領前面開孔極大，胸部直露出一半，下幾及乳，但普通則僅露上胸者多。袖有長短寬緊之分，長袖出手三五尺，下垂及地，短袖稍近手腕。長袖必寬，短袖多緊，緊則約束腕上。腰間多有帶纓，帶纓有下垂與衣齊者。又婦女多有外衣，如今無領女大衣而較長，亦有略短者。衣色各種皆備，多為大紅、大綠、大藍、大青、大紫。頭則男有品服、幞頭、弁、幘，亦有如今尖頭小帽者，如西人呢帽而大緣者，更有翹角四面者。女以頭飾為主，其有冠者，則如今鳳冠。繁飾視貴賤而有差別，茲舉回鶻聖天公主隴西李氏服裝為例：衣圓領緄繡紫色架服，長垂及地，下不見鞿鞋。領上飾花紋，內衣紋飾更多。袖短緊束及手腕，胸前以斜方深色巾兩幅被衣外，綴以兩紅纓絡帶，下端有物形金玉飾。又如于闐公主曹延祿妻李氏，鳳冠，垂纓絡珠飾，衣深邊大袖紅紫長服，項鍊、珠纓、玉飾、陸離。衣上加長被

巾，滿緄繡百花。他女則無冠而頭飾至繁，無項鍊而有緄繡大圓頭飾，繡草蟲。袖不鑲邊，而用繡緄。這都可以考見當時有官品的婦女服飾。

　　至於頭飾，以婦女為複雜。髮髻式樣繁多，在唐舞俑中所長見之高髻（即所謂雲髻）、大髻（髻大於面）固然很多，而編髮為許多特殊形狀者，亦不鮮，如所謂飛鳥髻、墮馬髻，也都是高髻一類。大概這是比較莊嚴一點的髮式。還有很短小的下垂的（即所謂垂髻）、從兩面分梳的鬟。大體看供養人的身分而定。不過在唐人詩詞中，所見到的髻，幾乎也都出現在敦煌畫中。至於髮上的裝飾品，也極其繁複，大體可分兩種：一種是以管髮的笄為基礎，而在研笄上加花飾，如飛鳥、蝴蝶、龍鳳之屬。一是簪在髮上鬟邊，純作裝飾用的，玉蟬、金雀、金翡翠、玉搖、玉搔頭、山花、梳櫛都有，大都可為唐詩的印證者。

　　婦女的面部化妝，從敦煌各畫看來，與唐人詩文中所說，也無甚變化。臉上無不施脂粉的，有的是豔如芙蓉，正是白居易的「臉如芙蓉胸如玉」。口唇則有胭脂，岑參所謂「朱唇一點桃花殷」是也。也有作泥黑色的，大概是所謂胡俗。白居易《時世裝》所謂「烏膏」。兩頰或口的左右，或施紅色的畫點，也有用黃色的，這即唐人詩中所謂的妝靨。妝靨除紅黃兩色外，有用純圓點的，有作一彎新月的。在于闐公主曹延祿妻李氏供養像群的婦女面上，紅黃色圓點滿面，至八、九處之多，有的點在眉上、下唇下、兩頰諸處。額上施黃粉，名曰鴉黃或額黃，溫詞所謂「蕊黃無限當山額」者是也。額上又有所謂花鈿，這是唐人常制，在敦煌也有額間用紅，花鈿不用貼而用紅綠色畫者。此等頭面飾，以唐以後諸窟為最甚。魏隋各窟，至為簡單，此情少見。

　　（九）論山水畫　山水畫。張彥遠《歷代名畫記》說：「魏晉以降，

名跡在人間者，皆見之矣。其畫山水，群峰之勢，若鈿飾犀櫛，或水不容泛，或人大於山，率皆附以樹、石，映帶其地。列植之狀，則若伸臂布指。詳古人之意，專在顯其所長，而不守於俗變也。國初二閻，擅美匠學，楊、展精意宮觀，漸變所附，尚猶狀石則務於雕透，如冰澌斧刃，繪樹則刷脈縷葉，多棲梧菀柳，功倍愈拙，不勝其色。」此歷代記魏至唐山水臺閣畫之大要。六朝山水幼稚，視漢無大殊，形狀碎細、拘板，大小比例不符。自漢墓堂所出各畫，即可推知。至隋則江志和、展子虔號山水大家。江氏筆力勁健，風韻頓爽，模山擬水，得其真體。展氏則有咫尺千里之勢。而臺閣名手，如鄭法士常在飛觀層樓之間，襯以喬林嘉樹，碧潭素瀨之旁，糅以雜英芳草，曖曖然有春臺之思。諸家名作，如法士遊春苑圖，展氏之雜宮苑圖、南郊圖，董伯仁之雜臺閣圖、農家田舍圖，皆已失傳。精工之處，為唐宋之所宗師。然寫石則「務於雕透」，畫葉則「刷脈縷葉，功愈多而愈拙」，只以賦色見長。至唐乃有吳道玄、王維、李思訓稱大家，但其作品，亦大都遺佚。至敦煌壁畫中的山水畫，畫山水在廓輪中，略作長線遊絲，皴法如後世的披麻皴，然甚草草。畫樹與葉，多用雙鉤法，形狀頗為拙呆。葉子也用雙鉤法。其稍後各洞之畫，有作沒骨法者，用色彩塗染而成，有濃淡，布置略近西法，與隋唐以來大家皆不相同，大約為匠人所作，仍存六朝以來古法，與彥遠所評全同，與漢墓所見亦顯為一系之傳衍云。

（一〇）宋畫風氣之別出　宋代的敦煌已成為邊遠僻地，故窟壁畫中，毫未有北宋中原自然主義興起以後山水、花鳥高度發展的影響。宋真宗時，玉清宮、昭應宮的修建，集天下著名畫師，日夜趕工競賽完成的壯大場面，在莫高窟畫風上也難以看出。

（一一）造形美術的參考　造形美術的圖片，以斯坦因、伯希和兩

氏攝製最先。劫去最多。斯氏的《西域考古圖記》詳載他劫去的古畫目錄，而特別的標本，則選刊於《敦煌千佛洞圖錄》Serindia: Detailed Report of Exploration in Central Asia and Westernmost China, Volumes I-V. Oxford: Clarendon press, 1921; The Thousand Buddhas. 又不列顛博物館刊行魏勒 Mr.A.Waley 為之詳說及伯希和氏之《敦煌圖錄》Les Grottes de Touen-Houang（A.Maybon 氏有 L'art Bouddhique du Turkestan Oriental 一文論之）兩書為最全。日人大谷光瑞之《西域考古圖譜》，亦有敦煌美術材料。陳萬里氏《敦煌千佛洞壁畫留真》，未見。勒考克著 Buried Treasures of Chinese Turkestan（此為 Berwell 女士英譯本）。又伯希和氏有《中國唐宋兩代壁畫變遷考》Les Deplacement de Paroi en Chine Sour les Tang et les Song，R.A.A. Volum VIII 也可作一部分參考。而最為有用者為賀昌群氏之《敦煌佛教藝術的系統》（《東方雜誌》二十八卷十號）一文。

二　莫高窟小識

（一）莫高窟本唐名　莫高窟之名，唐以前未見。石室所出《唐右衛十將使孔公浮圖功德銘》，有「謹選得敦煌郡南三里，孟受渠界，負郭良疇，厥田上上，憑原施砌，揆日開基，樹果百株，建浮圖一所，莫高窟龕圖畫功德二鋪」云云。又《大蕃故敦煌郡莫高窟陰處士修功德記》：「將就莫高山為當今聖主及七代鑿窟」云云。兩功德銘與記皆唐時物。又《敦煌石室碎金》中，載唐人《敦煌錄》云：「州南有莫高窟，去州二十五里，中過石磧帶山坡，至彼斗下谷中，其東即三危山，西即鳴沙山，……古寺僧舍絕多。」又晚唐張議潮所修一洞，洞口外左壁上有唐人《莫高窟記》一段云：「古瓜州東南二十里，三危山西

幽，……有沙門樂僔，杖錫西遊至此，巡禮其山，見金光如千佛之狀，遂與窟，大造龕像。次有法良……涉諸神，……於僔師龕□又……二僧，晉司空索靖題壁，號仙巖，……可有五百餘窟，又空……執虛懸，與……僧房一百二。及開皇三十年，僧造大像，高百尺，……四年，造大像，高百尺。開皇五年中僧□喜造大窟，造……二十丈，……四百九十……日記。」此記顯為武周聖歷元年重修莫高窟佛龕碑之所襲用，是唐人皆名此為莫高窟無疑。宋亦不廢其名。巴黎藏石室本《陰善雄墓誌銘》謂「葬州東南莫高里之原」，《羅盈達墓誌銘》謂「葬莫高里陽關河北原」，皆宋人之記載也。

（二）敦煌石室之最早開鑿年代　關於敦煌石室開鑿最早的年代問題，一般都引用李懷讓《重修莫高窟碑》定為前秦建元二年，其文云：「莫高窟者，厥前秦建元二年，有沙門樂僔，戒行清虛，執心恬靜，嘗杖錫林野，行至此山，忽見金光千狀，有千佛□□□□□□造窟一龕。次有法良禪師，從東屆此，又更於僔師窟側，更即營建。伽藍之起，濫觴於二僧。……」（此與前引張議潮所修一洞壁上之《莫高窟記》同文。）按倫敦藏 S.797 卷題記，有「建初六年，比丘德祐書戒經」。建初是西涼李暠年號，即東晉安帝義熙六年，西元四一〇年，則其時敦煌必已有寺。寺窟之創，應在此年之前，則樂僔建窟後五十四年已有寫經。度此時石室規模，已不僅造窟一龕。又巴黎藏伯希和劫去經卷之 P.2691，有《沙州志》一篇，文云：「會時窟寺並亡，……從永和八年癸丑歲創建，至今大漢乾祐二年己酉歲，算得五百九十六年。」按永和八年之「八」字，應為「九」字之誤。大漢乾祐即五代後漢隱帝年號，二年當西元九四九年，上推五百九十六年，則為東晉穆帝永和九年癸丑，適西曆之三五三年也。則前於李懷讓《重修莫高窟記》者，且十三年。又「會時窟寺並亡」，當指會昌五年大毀佛寺一事，見趙德

麟《侯鯖錄》，則會下當脫一昌字。又 P.3720 號有《咸通六年莫高窟記》一文，與李懷讓《重修記》前段相同，惟於「濫觴於二僧」下，有「晉司空索靖題壁號仙巖寺，自茲以後，鐫造不絕」諸句。按靖卒晉惠帝太安末，下距永和九年，早五十餘年。但以文義論，則此事應寫在樂傅師一段之前，則此處必為追敘，或索靖本於此處題仙巖寺一名，或為虛擬之詞，或有寺而並未鑿洞，皆無不可，甚至是攀援鄉里豪貴，推論而及之，皆不必即據為開窟材料。故餘只取永和之說，但索靖時亦有可能。《晉書‧張駿傳》：馬岌以酒泉南山「有石室玉堂，煥若神宮」。則晉以來河西一帶，固已久有石室之鑿矣。

（三）敦煌石室各時代之形制異同　關於石室各代形制，《勘察報告》有一段總結說：「……在大體上的形式輪廓，似乎改變不大。但在設計思想上，卻有極顯著的變化，這就是力求把束縛在牆裡的佛像，拿到牆外面來。原來魏的佛龕很淺，塑像只有前半邊凸出牆面，後半邊好像陷在牆身以內。從隋到唐，都在把佛龕逐漸加深，使佛像能夠離開牆面獨立。到唐代末年，雖然達到了這個目的，可是佛像仍在龕內。宋代捨棄了佛龕，把佛像放在主室中的壇上。壇後的背屏，成為中心柱的遺跡，也是木構建築中扇面牆的仿效物了。」至於個別的內部格式，我們先說一說魏窟中有兩個形制非常特殊的洞窟（以下是節採，不是照錄）：有一個大的主室，三個或四個小龕，有一個的窟頂是水平的，上畫大小相間的平棊，有一個是窟頂兩側向上斜起，中部是平的，四面坡當中一個鬥四藻井，這窟的壁面窟頂或門龕，都略感曲線型，給人以一種與他窟全不相同的印象。

魏窟最普通的形式，是窟外有一人字坡頂的前室，窟內略成方形，靠後面作中心柱，窟頂在中心柱作平棊，稍前作人字坡，中心柱四周都有較淺的佛龕。但也有無中心柱，或平面為方形窟頂，作四面

坡，頂中心作一鬥四藻井的。

隋窟與魏窟相彷彿，僅在細部手法上略有不同。有把窟頂面前部人字坡挪到窟後去的。

唐窟形制仍襲以前各式，因有臥佛塑像，有成為扁長形的平面室者。因有大佛，高達三層的洞窟，窟頂分四方漸向上縮小，成一小方藻井。佛龕多在西壁間，亦有西南北三壁俱有者，亦有在壁中央建一佛臺者。

晚唐及宋代形制改變甚微。但宋代新闢或改造者，入口處甬道較深。內部一方形室，上作盝頂，正中作鬥四藻井。頂上四角，別以邊飾花紋圈出，一角畫四天王。室內偏後作壇，壇後側作大背屏，如寺宇內的扇面牆。

元窟亦為方形盝頂，室中佛壇作圓形。

（四）敦煌窟數最近之紀錄　敦煌文物研究所最近的報告，其分配情形如下表：

元魏二　魏八八　唐一七七　五代二九　宋一○二　元七　清二

（五）莫高窟寺名考　莫高窟現有三寺：上寺名雷音寺，中寺名皇慶寺，下寺名三清宮。但石室所出文獻所記載，頗不止此。P.2250 號有千佛洞附近寺名與僧數單，計列：龍興寺僧數四○，徒數二二。乾元寺僧數二六，徒數一六。開元寺僧數二四，徒數一四。永安寺僧數二四，徒數一四。金光明寺僧數三九，徒數二三。其見於寫經題記中者，有淨土寺、蓮臺寺、顯德寺、靈圖寺、三界寺、崇福寺，並有神泉觀、白鶴觀。這些寺觀現在只有一個三界寺尚存，其餘都不存了。又今上寺、中寺在唐以來名雷音、皇慶，則見碑記。又題記中尚說到遠方寺院名稱，如定州樂豐寺見 S.2106，荊州竹林寺見 S.81，洛陽廣德寺見 S.2733，承明寺見 S.524，同敦煌諸寺都曾有過關係。又莫高窟開建之

時，正是佛寺大興之時：二二九年武昌建慧寶寺，二三八年蘇州建通玄寺，二四一年金陵建保寧寺，次年建業建建初寺，三一二年金陵建甘露寺，三一四年長沙建蓮華寺，三一六年建康建禪林寺，次年又建白馬寺，三四四年廬山建歸宗寺，三四四年建康建延興寺，三四七年剡州石城山建隱嶽寺，三四八年金陵建莊嚴寺。三五三年莫高窟開建之年前後建寺尤多，如金陵的瓦官寺顧愷之已畫維摩詰像於壁、長干寺，建康之安樂寺、建福寺、建寧寺、新亭寺，平江的虎丘寺，襄陽的檀溪寺，廬山的西陵寺、東林寺，武陵的平山寺，都在三五八年之前，則莫高當時，必已建寺無疑，惜無由考之矣。

（六）世界大佛窟　印度阿旃陀 Ajanda 石窟，開鑿於紀元前二世紀，七百年後，乃完成二十九個大石窟，《大唐西域記》記此寺大佛高七十餘尺，上有石蓋七重，比敦煌為更大。他如義大利之佛羅倫薩，中印度之開里納西克、庫爾和等，更在其下了。

三　藏經洞與經卷

（一）藏經洞封閉時代推測異說　敦煌藏經石室的封閉，舊說宋初蘊藏尚富，且不止釋典一門。……經之封閉，大約在皇祐以後。斯坦因《西域考古記》引伯希和說，在十一世紀初，「其時西夏人 Tanguts 征服此地，危及當地宗教寺宇之勢」云云，說較有據。

（二）藏經發現異說　關於藏經洞的發現，據《王道士墓誌》記這件事是：「以流水疏通三層沙洞，沙出，壁裂一孔，彷彿有光。破壁，則有小洞，豁然開朗。內藏唐經萬卷，古物多名，見者驚為奇觀，聞者傳為神物。光緒二十五年五月二十五日事也。」此說絕非事實。流水疏洞，沙出壁裂，已非事實，而彷彿有光，更不可曉。這只是掩飾之

辭，不可從。在光緒三十二年所立《重修千佛洞三層樓功德碑記》裡，把這段重要話修改為「鄂省羽流圓籙，……覩迤北佛洞寂寥，多為流沙所淹沒，因設願披沙開洞。庚子孟夏新開洞壁，偏北復掘得復洞」云云，其詞非常閃爍，大不可靠。

（三）學部取經及卷子之散佚　羅振玉《石室佚書序》云：「往者伯君告余，石室卷軸取攜之餘，尚有存者。予亟言之學部，移牘甘隴，乃當道惜金，濡滯未決，予時備官大學，護陝總督者適為毛實君方伯慶藩，予之姻舊，總監督劉幼雲京卿廷琛與同鄉里，與議購存大學。既有成說，學部爭之，比既運京，復經盜竊，然其存者尚六千卷，歸諸京師圖書館。……遺書竊取，頗留都市，然或行剪字析，以易升斗。其佳者或挾持以要高價，或竊匿不以示人。」

（四）斯坦因取經始末之參考　斯坦因取經始末，可參王竹書譯（《北平圖書館刊》一九二五年九月分九卷五期）。又《國聞週報》七卷三三期有吳金鼎氏《斯坦因敦煌盜經事略》一文。

（五）敦煌卷軸計數　羅振玉說：「石室卷軸入歐者，約計先後不下二萬軸，我學部所得五、六千軸，日本橘瑞超所得百餘軸，吉川小一郎攜歸百餘軸。」又說：「敦煌之仿，斯丹前馳，伯氏繼武，故英倫所藏，殆逾萬軸，法京所庋，數亦略等。」又伯氏所得，全藏巴黎國民圖書館寫本部，王重民為北京圖書館攝歸者，得三千片。斯氏所得回鶻、突厥文卷子，約二百卷，藏於 India Office 圖書館外，其餘全藏大英博物館。向覺民攝歸者，約五百片。

四　敦煌經卷

（一）王肅《古文尚書釋文》卷　民國五年（一九一六）伯希和隨

使來華，道出滬上，張元濟得此卷影本，亟以收入《涵芬樓祕笈》第四集中，附吳士鑑校語二卷，是為本卷最早之印行。羅振玉印人《吉石庵叢書》中，是為校精之印本。吳氏序云：「綜其大要，與今本不同者六：此本多承用古文，而今本《釋文》悉已改竄，當出衛包之手，其不同者一。此本間采孔傳，而今本大半刊削，然注疏本所載《釋文》往往而在，其不同者二。今本音訓但有經傳，而此本《舜典》並及正義，凡十餘條，其不同者三。元朗用王逸注，正義用姚方興本，自是不同，乃今本所列之字，無一出姚本之外者，而此本則猶存五注，未為後人所削，其不同者四。放勛殂落，屢見故書，今本已失其舊，得此單文，可徵元朗所據今文與今本有截然歧異者，其不同者五。此書音訓，先經後傳，每節每句，略可尋省，惟摯字之音，乃屬下文，因此考見元朗句讀與今本亦異，其不同者六。」云云，分析本卷異同，差得要點，雖有未周或失檢處，無傷於允當也。

（二）佛徒的努力　從敦煌佛經中有兩件事，也很可以看出當時的宗教信仰的虔誠。一是珍藏古寫本，由經卷之寫錄年代及題記年代，可知在當時的各寺中愛護經典古本的情形。如天保二年（五五〇）比尼法常所奉誦之《妙法蓮華經》，於三百年後之大中七年，為莫高鄉人陰仁衷所保藏。又，大業三年（六一五）沙門曇枚所寫之《涅槃經音義》，有八十三年後聖歷元年（六九八）之題記。二是經典之搜求，此可於異地異元考見之。得自異地者，如貞觀四年（六三〇）長安普仁寺主惠宗之《四分律戒本》，長安二年（七〇三）長安西明寺新譯之《金光明最勝王經》，皆在敦煌經卷中是也。又如後魏正始中，忽有天監五年（五〇六）六年（五〇七）所寫之經卷，此可能是得自南朝的卷子。又題署廣政十年（九四七）之佛經，則明明得自西蜀者矣。

（三）佛經刻本　古人造佛菩薩像，作功德，於範金、刻石、圖繪

外，兼有雕版。敦煌所出唐人寫經，紙背印有木刻千佛像，是唐刻也。杜工部詩：「嶧山之碑野火焚，棗木傳刻肥失真。」然是陰識，非陽刻也。陽文之始，自刻書始，唐中葉已有之。元微之作《白氏長慶集序》自注曰：「揚、越多作書，摹勒樂天及余雜詩賣於市肆之中。」是唐代已有雕版書之證。然唐代刊書，曆日字書外，以佛經為最早。司空表聖文有《為東都敬愛寺講律僧惠確化募雕刻律疏》云：「自洛城罔遇，時交乃焚，印本漸虞散失，欲更雕鏤。」云云。是惠確以前，東都早有律藏印本。敦煌所出《一切如來佛頂尊陀羅尼》，其二行「大朝灌頂國師三藏大唐廣智不空譯」十五字，「國」字上空一格，蓋亦唐刊本也。敦煌所出尚有晉天福十五年歸義軍節度使曹元忠刊《金剛經》。此兩經皆歸巴黎。

五　道教經典

（一）唐代尊老　唐高祖建老子廟，太宗列老子於釋迦之上，皆以帝王之力尊崇道教，使與佛教相抗衡。至高宗親謁老子廟，令王侯以下皆習《道德經》。玄宗天寶元年，追崇老子為玄元皇帝，享於新廟，又於五嶽設真君祠，長安、洛陽及諸州設玄元廟，以《道德經》冠群經之首，設崇玄館，立玄學博士。於是道教乃成唐世正教。

（二）佛道經卷用紙墨之比較　佛經卷子，一般説來，皆極平常，紙以楮白為最多，字跡大體不好，而且往往很壞，但也有極考究的卷子，如用朱書、色書。P.2003《佛説閻羅王授記四眾預修生七往生淨土經》，用色寫。P.2010《觀音經》全用色寫。P.2210《瑜伽師地論》之用硃書。P.2768《大雲經》，朱書。P.2013用色寫。又P.2006則為黑底金字，如後世羊腦箋者。也有絹本佛經。又在伯希和所得諸卷中，還有

絲繡的《佛說齋法清淨經》一卷，藍絹本，先以墨書，後繡以白絨。蓋佛經多為酬願乞福之作，視施主之貧富地位而有差別，其中自有其變化無定之客觀條件。而《道德》則為國家崇祀之經典，故選擇務中精良，且有一定之成規在，故紙質、墨色，皆屬上選，字體亦極工楷，為他籍所不如也。

（三）老子全書字數問題　《史記》說「老子著書五千餘言」，是最早的記錄。傅奕考覈的四個本子，是三家本五七二二；洛陽官本五六三五；王弼兩本，多字本為五六八三，少字本為五六一○，河上公兩本，多字本為五三五五，少字本為五五九○（詳鄧嘉緝《上谷訪古記》）。司馬承禎定著本五千三百八十言，遠及日本之瀧川本（五千三百二言），皆無如敦煌本之簡。其與相近者，惟易州龍興觀之《景龍碑》。此與敦煌寫本，蓋皆道教徒之所傳，則吾人謂湊足五千言之《道德經》為道教徒所傳之本無疑。故杜光庭曾譏之曰：「五千餘言，亦不確定其數，文質相半，義理兼通。局字數而妨文，剪文勢而就數，皆失其旨也。司馬遷云五千餘言，則不定指五千字矣。其有刪文約數，俯就四千九百九十九文者，而云析『卅幅』為『三十幅』以滿五千，此又膠柱刻舟，執迷不通也。」是四千九百九十九字本，已通行於唐代，而文學之士審其文理，知其妄繆，然不及指明其為道士所傳，而但曰執迷，微意故已在矣。

試以 P.2584、P.2417 兩卷與今本王弼本校，則有三種刪法：一是刪語詞，如之、而、者、其、乎、焉、也、矣、故、以、哉、則、亦、夫、若、邪、謂、為、雖、且、將、非、不、獨、與、或、亦、於、多、有、兮、皆、也哉、也夫、是以、是謂、可以，莫不皆是。二是刪略名詞動詞及副詞，如道、德、民、人、天下、聖人、敢、殺、死、孰能、不病、若驚、樂、必、似、常、上、高、久、復、其次。

此等刪法，已使文理不順，顯為淺人所作。至第三種刪法，更形荒謬，則如刪二章之「生而不有」句，三章之「為無為」句，二十三章之「道者同於道，德者同於德，失者同於失，同於道者」等十九字，二十八章刪「為天下谿，為天下式，為天下谷」十二字，三十章刪「大兵之後，必有凶年」，八十四章刪「常無慾」以上 P.2584，六十一章「以靜為下」，六十三章「是以聖人終不為大，故能成其大」，七十一章「夫唯病病」，七十六章「是以聖人猶難之」以上 P.2417 卷。為了縮減字數，不惜改動經文，如改「三十輻」為「卅輻」，改「儽儽」為「魁」P.2584，改「蜂蠆虺蛇」為「蠆」，改「是以」為「故」P.2417 卷，莫不是心勞日拙。

　　老子二篇，題名「道經」、「德經」，多見於魏晉人書中。《牟子理惑論》：「老氏道經亦三十七。」此題漢太尉牟融撰，其實魏晉人偽書。《北齊書・杜弼傳》曰：「弼上老子德言，竊惟道德二經。」云云。《經典釋文・老子音義》亦題上篇曰「道經音義」、下篇曰「德經音義」。賈公彥《周禮師氏疏》引《老子道經》云「道可道」，《德經》云「上德不德」。顏師古《漢書・魏豹傳》注引《道經》，《田橫傳》注引《德經》，章懷太子《後漢書・翟輔傳》注引老子《道經》，則初唐時人，已習用之矣，其必本於漢以來舊本無疑。

　　（四）道教之倏興與倏衰　吾人自道經書寫之年代，亦可以看出其倏興與倏衰之痕跡。按三處所藏道經，有年代可考者如下：

　　　　《太上道本通微妙經》　　七一五　　一見
　　　　《無上祕要》　　　　　　七一八　　二見
　　　　《道經》　　　　　　　　八二四　　一見
　　　　《老子道德經》　　　　　七五一　　二見
　　　　《太上大道玉清經》　　　七五三　　一見

　　由上表可知道經之寫始於開元三年，終於天寶十三載，為時僅三十九年，其為曇花一現，至為明白。

六　敦煌雜識

　　（一）敦煌地方志　Lionel Giles 以斯氏所得之卷即 S.788 卷為據，有論敦煌地方志片斷一文 A Topographical Fragment of Tunhuang. B.S.O.S.Volume VII。又羅振玉氏印《諸道山河地名要略》及《貞元十道錄》諸卷，均為之跋，以《諸道山河地名要略》定為《唐志》之韋澳所撰，體例即本之《元和郡縣圖志》，故證《圖志》之譌誤。又有可補唐史志疏略者，如置代北水運使，《地理》、《食貨》皆不載。又可補唐中葉以後表志所未詳之制度。《貞元十道錄》存劍南道十二州，校以《通典》、《元和郡縣志》、兩唐《地理志》，異同至多。又各州距兩京道里、各縣距州道里，與諸書亦多不合。又各州貢賦予《元和郡縣志》亦多不合。又向達氏於敦煌見翟奉達所為《壽昌縣地境》為後晉天福十年作，為地志中最完整之書，向氏有跋。又別見地志殘卷為天寶初年唐人寫本，有隴右、關內、河東、淮南，每州識其屬縣，州記距京里程、貢品，復以硃記其等第，與羅氏印本頗可參合。

　　（二）唐代戶籍　日本鈴木俊有《敦煌發現唐代戶籍與均田制》一文，可參考。又鈴木俊氏尚有《唐代之結婚難》一文，也是從戶籍的下層考見唐代下層人民結婚難的文章。

　　（三）姓望問題　唐代講門閥，所以姓氏書也相因而發達，如我抄得的 P.3421 卷，列：

　　始平四姓

　　雍州　馮龐宣陰

馮氏　承姬姓周文王裔　畢公之後

龐氏　承帝□之苗裔　若□□緒楚五子

陰氏　承帝嚳之苗裔　□□武丁封為陰氏，遂有陰氏興焉

以下還有扶風郡出六姓，新平郡出一姓等。又 P.3191 殘卷第六，列河南郡賀、褚、穆、祝、藺、丘、竇、南宮、獨孤等。北京位字七十九號，列□陽郡三姓，并州儀、景、魚；鴈門郡三姓，岱州續、薄、解。與上二卷繁簡各異。可見當時此類姓望書，撰者必多。又北京本一卷後有題記，文云：「以前太史因堯置九州，今為八十五郡，合三百九十八姓。今貞觀八年五月十日壬辰，自今以後，明加禁約，前件郡姓出處，許其通婚媾。結婚之始非舊委怠，必須精加研究，知其譜囊相承不虛，然可定疋。其三百九十八姓之外，又二千一百雜姓，非史籍所載，雖預三百九十八姓之限，而或媾官混雜，或從賤入良，營門雜戶，慕容高賈之類，雖有譜亦不通，如有犯者，剔除籍。光祿大夫兼吏部尚書許國公士廉等奉勅，令臣等定天下氏族。若不別條舉，恐無所憑，准令許事訖，件錄如前，勅旨依奏。」這是奏勅修的官書，正是初唐所定，較《元和姓纂》早了二百年。

（四）中國境內古外族遺文及其著作　中國境內古今所居外族至多，古代匈奴、鮮卑、突厥、回紇、契丹、西夏諸國，均立國於中國北部，其遺物頗有存者，然世罕知之。惟元時耶律鑄見突厥《闕特勒碑》及《遼太祖碑》，當光緒己丑（一八八九），俄人拉特祿夫訪古於蒙古，於元和林故城北，訪得突厥《闕特勒碑》、《苾伽可汗碑》，回鶻《九姓可汗碑》三碑。突厥二碑，皆中國、突厥二種文字，回鶻碑並有粟特文字。及光緒之季，英、法、德、俄四國探險隊入新疆，所得外族文字寫本尤夥，其中除梵文、佉盧文、回鶻文外，更有三種不可識之文字，旋發見其一種為粟特語，而他二種則西人假名之曰「第一言

語」、「第二言語」，後亦漸知為吐火羅語及東伊蘭語。（發明粟特語者為法人哥地奧 Robert Gauthiot，吐火羅語者為西額 Sieg 及西額林 Siegling 二氏。東伊蘭語則伯希和之所創通也。）又釋《闕特勒碑》之突厥語為丹麥人湯姆生 Thomson。此正與玄奘西域所稱三種語言相合。粟特語即玄奘所謂之窣利，吐火羅即玄奘之覩貨邏，東伊蘭語則其所謂蔥嶺以東諸國語也。惜我國人尚未有研究此種古代語者。欲研究之，勢不可不求之英、德、法諸國。惟宣統庚戌，俄人柯智祿夫大佐，於甘州古塔得西夏文字書，而元時所刻《河西大藏經》，後亦出於京師。上虞羅福萇，乃始通西夏文之讀。蘇俄使館參贊伊鳳閣博士 Ivanov 更為西夏文之研究。

（五）中國境內之外族文字的參考書：

《和林金石錄》 李文田編，《靈鶼閣叢書》本。

《意園文略》 盛昱撰，漢軍楊氏刻本，一冊。

《和林三唐碑跋》 沈曾植撰，《亞洲學術雜誌》二期。

《西夏國書略說》 羅福萇，上虞羅氏印。

伯希和教授論文 王國維譯，刊北京大學《國學季刊》一期。

附：漢武經略河西之原因

武帝經略河西，可自兩方面述之：一為政治的，自高祖平城之辱，在封建的宗法社會下為子孫引為大恥，勢在必雪。武帝時，天下久安，倉廩充實，士馬精壯，而武帝以壯盛之年，登立為帝，勇之氣，使他有報讐雪恥之雄心，得行其志，此其一。古匈奴自秦以後，攻破月氏，首擾河西以去，西域諸國，咸受役屬，置左右賢王，右賢王居西方直上郡以西，接氐羌是今綏遠、寧夏以至河西，盡為匈奴右賢王統治。於是前之匈奴囂張於北道者，至是乃環處於漢之西北。匈

奴西邊日逐王置僮僕都尉，使領西域，賦稅諸國，取富給焉。故漢欲解除匈奴在西北之逼害，並求得決戰之機會，必先通西域，以斷匈奴經濟上之接濟。於是經略河西，遂為國策上之必要措施矣。此中除政治上的原因外，亦含有經濟上的作用。於是元朔二年，衛青出雲中，取河南地，築朔方《匈奴傳》。元朔五年，青復將十餘萬人，出朔方、高闕，擊匈奴右賢王。元狩二年，復遣霍去病將兵深入右地，漢之軍鋒，直達祁連山。其秋，昆邪王殺休屠王以降，於是金城、河西，並南山至鹽澤，空無匈奴。於是減隴西、北地、上郡戍卒之半，以寬天下徭役。於是西河走廊為漢之邊疆，而漢家西北邊禍以輕。自是漢使之往西域者，能直接往來，為漢家經營西域之張本。

讀王靜安先生曹夫人繪觀音菩薩像跋

南林蔣氏藏敦煌千佛洞所出古畫，上層畫觀世音菩薩象，下層中央寫繪像功德記，左繪男子一，幞頭，黑衣，署曰：「節度行軍司馬中缺校司空兼中缺曹延下缺。」女子一，署曰：「女小娘子□□持花一心供養。」記右繪女子二，一署曰：「慈母娘子□氏一心供養。」一署曰：「小娘子陰氏一心供養。」記末署：「乾德六年歲次戊辰五月癸未朔十五日丁酉題記。」按乾德六年即開寶元年，是歲十一月癸卯冬至改元，故五月尚稱乾德六年。據記文，此像乃慈母娘子為男司空新婦小娘子難月而作。難月，蓋產難之月。慈母娘子為歸義軍節度使曹元忠之妻，男司空則延恭也。時元忠已卒，延恭以節度行軍司馬知留後事，故其結銜中有校司空字樣。司空，三公之初階，自曹議金以檢校司空為歸義軍節度使，元忠加至檢校太傅。時元忠初卒，延恭知留後事，未受朝命，所稱檢校司空，實自署也。後延祿知留後時亦假此官。《宋史》、《續資治通鑑長編》均謂元忠卒於太平興國五年，上虞羅叔言參事作《沙州曹氏年表》，始據英倫所藏開寶八年歸義軍節度使曹延恭《施物疏》，謂元忠已先卒。今觀此畫，知開寶元年延恭已知留後事。

又記中於慈母娘子、男司空外，兼及小娘子、女小娘子、郎君等，而無一語及元忠，知元忠已卒矣。又日本西本願寺藏《大般若波羅蜜經》卷二百七十四，末有寫經題記署「乾德四年五月」，乃元忠子延晟所造，記中有「大王遐壽，寶位堅於邱山」等語，大王亦指元忠，是此時元忠尚存。然則元忠之卒，當在乾德四年五月之後，六年五月之前，或在乾德五年矣。元忠卒年與延恭嗣位之歲，均得由此畫定之。上虞羅叔言參事作《瓜沙曹氏年表》，未得元忠卒年，當由此畫補之矣。

　　按先生此跋，定為元忠妻為子婦難月功德，確不可易。難月者，謂第一胎生產時也。則此蓋為新婦求福者矣。惟以元忠子為延恭，又以延恭此時已以節度行軍司馬知留後，因而推及元忠此時已卒，則略有可商。供養人像，據王先生所舉，有男像一，女像三。按自莫高榆林諸窟中各題識，得知延恭乃元忠姪而非元忠子別詳《曹氏世譜》及《羅振玉瓜沙曹氏年表補正》兩文，是此慈母不得為元忠妻，則王先生說必有一誤。然此慈母必為元忠妻無疑，請待下證說明後自知之。又此圖所列三女供養人像，僅右列第二身有姓可考。考曹氏與陰姓亦世為姻婭，而元忠第二子延瑞妻即陰氏，此像列依莫高諸供養人像列例之，當即左列幞頭黑衣之妻室。延瑞為元忠次子，故慈母當即元忠妻矣。延恭妻為慕容氏，見張大千編號二百二十八洞。延瑞兩妻，其一亦慕容氏，其一則陰氏也，見榆林第二十五窟。則此小娘子陰氏，必為延瑞妻無疑。陰氏既是延瑞妻，則左列男像，乃元忠第二子延瑞，而慈母即元忠妻矣。按《續資治通鑑長編》，太平興國五年，以延瑞為牙內都虞侯，則此時延瑞度已自署為行軍司馬矣。王先生以為延恭以節度行軍司馬，即知留後事，恐亦有誤。行軍司馬，特節度使衙內一官，

其職尚不足以當留後，窟中延祿亦曾稱司馬，且為其少年時像中題
銜，蓋蔭銜也。至兼司空，更為自署自加之頭銜，固曹氏銜內常列。
總之節度行軍司馬，不足以當留後之職。左列女小娘子某某，當即延
鼎，此元忠生女也，故與兄同列不嫌。如余所釋，庶幾無矛盾。然先
生又以像列中無元忠，遂定為元忠死於此前，此亦有說。此繪功德為
兒媳難產薦福，元忠正自宜迴避，則不列像者正也。又張號二百十二
窟宋乾德八年庚午（即開寶三年，九七〇年），窟簷題記，仍是元忠建
創，則卒乾德五年之說，亦不足信。詳余所撰《瓜沙曹氏年表補正》
一文。故先生所列材料極可貴，而結論尚可商，推論益不能確。今得
為此一幀畫佛作結論曰：此曹元忠妻為次子延瑞新婦陰氏行將第一次
生育，而為功德以薦福，故率延瑞與其妹（或姊）延鼎與新婦陰氏為
此。

　　又按此圖，光緒甲辰敦煌知縣汪宗瀚得之，以貽甘肅學政長洲葉
昌熾，後乃歸南林蔣氏者也。《緣督廬日記》甲辰八月廿日記云：

　　汪栗庵來函，貽宋畫絹本水月觀音像，下有繪觀音菩薩功德記，
行書，右行後題「於時乾德六年，歲次戊辰五月癸未朔十五日丁酉題
記」；又大字一行，云：「節度行軍司馬金紫光祿大夫檢校司空兼御史
大夫上柱國曹延清供奉」；又三行云：「女小娘子宗花一心供養」，「慈
母娘子李氏一心供養」，「小娘子陰氏一心供養」。

　　此所錄題記，較王先生為全。有最可注意者數事：男像題銜姓名
完整無缺，二女小娘有名，三慈母李氏。其中二三兩事，皆足以證余
說之是，而不能為王先生說佐證。男像不名延恭，而為延清，按清即
瑞之形譌。曹氏延字輩無名清者，瑞字剝脫濫形得近清也。又慈母娘

子為元忠妻，余與先生説同，而此言氏李，則疑有誤。元忠妻本翟氏，若非翟字形有誤，則元忠或亦兩妻，其一姓李也。然曹氏婦姓陰者有二，一為元忠伯母，一則延瑞第二妻。此畫男像與陰氏為夫婦無可疑，則不得為延清祖輩至明。因而慈母不得為另一人，必為元忠妻無疑。葉氏日記非原本影印，乃由人摘錄，又更抄寫上石，其中必有誤脱無疑。即如「女小娘」一題，葉記作「女小娘子宗花……」王先生記則為「女小娘子□□持花」，「娘子」下尚有二字。依曹氏諸窟題識斷之，王先生是也，葉記有脱文。則李為翟之誤可能性最大，恨不能得原物而的證之。

又考曹氏父子兄弟不僅畫像觀音為功德，元忠且有刻本觀音像及諸佛像。余曾見上海博物館藏開運四年（九四七）刻本絹印觀自在像。又大縣曹君直藏有同年元忠造大聖毘沙天王像，有刻像記九十八字，王先生亦有跋，且謂中土刻像中之有年號者，當以此為最古（按此不確）。羅振玉《石室秘錄》中亦有元忠造像，十餘紙，而不立名，亦應此刻也，其題記亦較詳（一百〇二字）。考絹畫佛像，依余所見，亦自中唐以後方漸盛，而畫觀自在則幾全為五代時物，斯坦因《西域考古圖》中所載皆可為余説作證。則元忠妻為兒媳畫觀音像為功德，亦一時風習也。余於新德里博物館亦見一天復十年之絹繡觀音像。

（原載《蘭州大學學報》1981 年第 4 期，此據《敦煌學論文集》，上海古籍出版社 1987 年版）

羅振玉補唐書張議潮傳訂補

上虞羅叔言著《補唐書張議潮傳》與《瓜沙曹氏年表》，以兩《唐書》、舊新《五代史》及《通鑑》、《冊府元龜》、《遼史》、《文獻通考》、《宋史》、《續通鑑長編》等書為主，而兼及敦煌所出卷子碑刻等，有功於史學者世多已知之。然敦煌所出史書卷子，有關張、曹兩家者至夥，莫高窟題名尤為第一手材料，羅氏多不得見。張、曹世守河西，自收復吐蕃至宋之興，歷世朝貢，與中原不絕，其保衞邊方之功，至不可忽。又當方面者百五十年，所影響一方之文化風習者至大且久。敦煌為佛教聖域，兩氏皆崇信至虔，而佛教藝術之存於今者，又以兩氏所造為最宏偉。余於甲子前後輯《莫高表》，因就羅氏書，重訂其事蹟，是者證之，缺者補之，誤者訂之。且引畫壁、絹幡及諸功德之有關佛教藝事者，一併載之。體例視羅氏為繁，而徵錄庶幾無遺憾矣。

一

天寶末，安祿山犯闕，宗在靈武，盡召西河戍卒，收復兩京。吐

蕃乘虛，涼隴諸州次第陷沒《五代史・吐蕃傳》，惟沙州至大曆中尚固守。

按沙州陷蕃，在建中二年，見《元和郡縣志》，又 S.788 卷《沙州志》壽昌縣云：「建中初陷吐蕃，大中二年張議潮收復。」而收復則在大中二年，除上引 S.788 卷外，又 S.3329 有「沙州既破吐蕃，大中二年，遂遣押牙高進達等，馳表函入長安，以獻天子。」詳下。

張議潮者，沙州人。

按此從《通鑑》。《張延綬傳》舉郡望，稱南陽。《五代史・吐蕃傳》明宗問孫超世家，（拓跋）承謙曰，「吐蕃人陷涼州，張掖人張議潮募兵擊走吐蕃」云云，則當時有以議潮為張掖人者。按議潮，《五代史記・吐蕃傳》、《東都事略・西蕃傳》並作「議潮」，《舊唐書・宣宗、懿宗紀》、《唐書・吐蕃傳》、《資治通鑑》並作「議潮」，《李氏再修功德記》石本及敦煌寫本，亦作「議潮」。大中五年《賜沙州僧政洪䛒敕》及杜牧撰《沙州使吳安正等授官制》、《通鑑考異》引《補國史》，又作「議潮」。按敦煌各石窟題識，皆作「議潮」，其兄則名議潭，則作「議潮」為是。至「義朝」等名，則遠方傳聞失實也。又敦煌卷子有一卷，凡存文三段，一為封常清謝死表聞，二為諷諫今上「破鮮於叔明令狐垣等請僧尼及不許交易書」，三為無名歌，最末題「未年三月二十五日學生張議潮寫」。考 S.6973 卷載，議潮卒時年七十四（詳下）。議潮卒咸通十三年（八七二）壬辰，則生貞元十五年（七九九）己卯，時敦煌已陷，沙州不得再奉唐正朔，於是稱年不冠年號，但言甲子，此敦煌卷子所長見之例。則議潮生後之第一未年為貞元十九年，議潮只四歲，不得抄寫文件。第二未年為元和十年乙未，議潮十四歲，正附寺觀為學生時。則此件之寫時，正吐蕃主沙州，議潮為學生時，最為有據。是議潮生小，即在沙州無疑。又沙州自漢以來，為西防重鎮，漢

家經營匈奴及西域三十六國，將士使節，出入皆必以沙州為馳屯之
所，則沙州自漢以來，必多中原舊姓子孫，其先人多為漢之將校士
卒，或仕於邊防之官吏無疑。張、索諸姓，又胥為望族，則《通鑑》
以為沙州人者較可信，故從之。

少習文史，長通韜略。

習文史，見上引無名歌題記。又 S.3329 卷，乃敘張氏勛德者，有
「論兵講劍，蘊習五經，得孫武之精見，韜鈐之骨髓，上明乾象，下達
坤形……」等言，雖不無誇張之處，然以張氏獨起眾中，摧吐蕃於一
旦，而晚年入覲長安，終老帝鄉，免家庭骨肉之殘殺，非有韜略者，
不能辦也。

雖生長虜中，而心繫本朝，陰結豪俊，密謀歸唐，苦未有當。

S.3329 卷云：「觀熒惑而芒衰，知吐蕃之運盡。誓心歸國，決意無
疑。盤桓臥龍，候時而起。率貔貅之眾，募敢死之師。俱懷合輒之
歡，□□雲而野戰。」

**逮會昌二年，吐蕃贊普死，無子，立妃綝兄尚延力子乞離胡，國人以
為不當立，多叛去，國內大亂。別將尚恐熱亦叛，自號宰相，與鄯州
節度使尚婢婢構兵，連年不決。《唐書·吐蕃傳》及《通鑑》（用羅氏所節原
文）。大中二年，議潮乘隙，率眾擐甲噪州門，漢人皆助之，虜守者驚
走，遂定沙州。**

按羅氏以收復沙州列之大中四年，尚恐熱大略鄯、廓、瓜、肅、
伊、西等州之後，誤也。S.3329 卷云：「候時而起，率貔貅之眾，募敢
死之師，俱懷合輒之歡，□□雲而野戰。六甲運孤□之術，三宮顯天
一之神，吞陳平之七奇，啟武侯之八陣，縱燒牛之策，破吐蕃之圍，
白刃交鋒，橫屍遍野，殘燼星散，霧捲南奔。敦煌晉昌收復已訖，時
當大中二載（八四八）。題表修箋，紆道馳函。」則收復在二年明矣。

攝州事。復繕甲兵，耕且戰，遣押牙高進達等十輩，皆操梃，內表其中，東北走天德城，因防禦使周丕，請命於朝。《唐書·吐蕃傳》。宣宗嘉其勞，命使持節河西，授兵部尚書萬戶侯。

　　按 S.3329 卷於「紆道馳函上達天聞」注云：「既破吐蕃，大中二年，遂盡押牙高進達等馳表函，入長安，已獻天子，上達天聞。皇明披覽，龍顏嘆曰：關西出將，豈虛也哉！百辟歡呼，抃舞，□質便降，□騎使送河西，旌賞賚功勛、慰邊庭收復之事，授兵部尚書萬戶侯。」萬戶侯，侈言也。

圖謀得勢，轉益雄豪。大中四年，尚恐熱大略鄯、廓、瓜、肅、伊、西等州。所過捕戮積屍狼藉，麾下內怨，皆欲圖之。議潮乘隙以次收復張掖、酒泉。攻城野戰，不逾星歲，克獲兩州。五年八月，遣兄議潭及州人李明達、李明振、押衙吳安正等二十九人入朝告捷，並獻瓜、沙、伊、肅、鄯、甘、河、西、蘭、岷、廓十一州圖籍。帝嘉其忠，命使者賚詔收慰，擢議潮沙州防慰使，拜明達河西節度推官，兼監察御史，明振涼州司馬檢校國子祭酒、御史中丞，吳安正等亦授官武衛有差。十一月，詔於沙州置歸義軍，領十一州，以議潮為節度管內觀察處置押蕃落營田支度等使，金紫光祿大夫、檢校吏部尚書兼金吾大將軍、特進。食邑二千戶，實封三百戶。詳《唐書·吐蕃傳》及《通鑑》、《兩唐書·本紀·方鎮表》。得地四千餘里。見 S.3329 卷。

　　按四年收復西州事，又見 S.936 卷張大慶書沙州、伊州地志殘卷。大中十年六月，議潮以兵逐回鶻吐渾至納職城。其年，唐冊立回鶻使御史中丞王端章、部押衙陳元弘，行至雪山，為回鶻兵所劫。元弘來告，十一年八月五日，伊州刺史王和清急告「回鶻兵至伊州」，議潮皆次第平之。民稱其功德，為變文以頌之。此時議潮蓋以累加勳散，至尚書僕射。

　　P.2962 起「諸川吐蕃兵馬，還來劫掠沙州」，下言僕射聞吐渾王反亂，乃疾路還軍，□戰一陣，蕃軍大敗。大中十年六月六日，僕射親統大軍，擊敗敦煌北一千里外之回鶻，不經旬而至納職城。凡此二段，有說白、有唱詞，後一段唱詞未錄。再次記大中十年唐冊立回鶻使御史中丞王端章被劫，押衙陳元弘至沙州求告，十一年八月，伊州刺史王和清來告回鶻入侵，議潮出兵征之，此後卷子遂殘。以意度之，下當為唱詞，再下又當為說白，蓋集議潮功業而為宣唱，而有此變文也。又按 P.3500 號有歌頌太保之文七言三十句，言「甘州可汗降，使六郡豐熟，偃甲修文，萬戶歌頌」，太保乃議潮後來所加官銜。又 P.3645 卷有七言唱詞三十二句，言「敦煌沒落，議潮奉命西征」事。此兩卷者，皆當為《張議潮變文》中之一段，講唱議潮功德，故為應有之內容也。又 S.3329 卷言議潮「加授左僕射，官高二品」。在大中五年，即收復兩州之後，又有「司空食實封二」及「寵官司徒職列」，則議潮勛散，幾遍於三公矣。

自西河歸朝廷，邊陲無事者歷五朝，垂六十年，張氏世守之，蓋終唐之世云。

　　按咸通十三年議潮卒，從子淮深嗣為節度。淮深卒，淮沽嗣，淮沽卒，託孤於議潮婿索勛，勛乃自為之。議潮十四女涼州司馬李明振妻出定難，誅勛，請於朝，以議潮孫嗣。此乾寧元年事。乾寧以後，雖無可考，而《宋史·沙州傳》謂至朱、梁時，張氏後絕，州人推長史曹議金為帥，當得其實。又《五代史記·吐蕃傳》「沙州梁開平中有節度使張奉，自號白衣天子」，敦煌石室所出「西漢金山國聖文神武皇帝與守惠信敕」，其印文曰「金山白衣王」，蓋即張奉。以上亦用羅振玉《補唐書張議潮傳》原文。

懿宗咸通元年庚辰（八六〇年），議潮開窟為功德，畫壁多幅。

　　此即伯希和之第十七號洞，張大千氏之三百號洞也。其壁畫今存門頂左右壁之經變圖十二幅，壁下端之故事畫，及議潮妻「宋國河內郡夫人宋氏出行畫」。洞口處有大供養人像男女各二。見後。佛龕內有千手千眼觀音坐像一尊，四周環繞小菩薩及人神天將。洞頂有荷花紋藻井裝飾。今存供養人題名，顯屬張氏者尚存三身，右壁第二身題：「侄男銀青光祿大夫、檢校太子賓客 ⋯⋯ 賜紫金魚袋淮深一心供養。」左壁第一身題：「宋國河內郡君太夫人廣平宋氏□□□□。」同列第二身題：「□□□□□□娘子一心供養。」其餘三題為正龕下壁左列第四身題云：「姊師登壇大德善尼法律了空。」又同列第八身題云：「夫人傅氏一心供養。」又同列第九身題云：「夫人□□一心供養。」亦張氏親眷。《宋夫人出行圖》在本殿左壁，今存題記四，其一僅存「音樂⋯⋯」二字，餘殘。其二存「⋯⋯行李車馬⋯⋯」，其三「小娘子擔舉」。其四題「坐車」二字，其五「宋國河內郡夫人宋氏出行圖」。其右壁《出行圖》旁記，今存九處：一「喬馬步都押衛□」，二「兵□⋯⋯」，三「門柱⋯⋯」，四「衙前兵馬使」，五「銀⋯⋯」，六「散□道□」，七「⋯⋯使檢校⋯⋯統軍⋯⋯圖」，八「子弟⋯⋯」，九「麾牙⋯⋯」。當亦張氏家人或功臣之屬，此為今存晚唐畫壁之最精緻者。謝稚柳氏以為「此圖儀仗甚盛，人物繁密，骨體沈練，亦一時之妙制，晚唐之麟鳳矣」，言非虛美。

為莫高窟記，書之窟壁。

　　按此記在洞口外左壁上，今多漫滅。伯希和氏 3720 卷有抄本，與壁上存文無殊，茲錄如次。以壁上所寫為主，而以卷子本小字補之。

　　莫高窟記

　　右在州東南廿五里三危山上。秦建元之世卷子「之世」作「中」字有

沙門樂傳，仗錫西遊至此，遍巻子作「遙」禮其山，見金光如千佛之狀，遂架空鐫岩，大造龕像。次有法良禪師東來，多諸神異，復於傳師龕側，又造一龕。伽藍之建，肇於二僧。晉司空索靖題壁，號仙岩寺，自茲以後鐫造不絕，可有五百餘龕。又至延載二年，禪師靈隱與作「共」居士陰祖等造此大像，高一百卅巻子本作「四十」尺。又開元年中，僧諺與鄉人馬思忠等，造南大像，高一百廿尺。開皇中，僧善喜造講堂，從初□窟至大曆三年戊申，即四百四年，又至今大唐庚午，即四百九十六年，時咸通六年正月十五日記。

　　按大曆三年戊申，上推四百四年，為前秦建元元年之前一年（三六四）；下推四百九十六年，為咸通元年。然其年甲子不為庚午。庚午乃大中四年，是為四百八十六年，則其中必有一字誤。若八十誤九十，則大中四年張議潮方收復敦煌，何暇及此，則午字誤也午字出巻子本可疑，當作庚辰，以應四百九十六之數。四百九十六窟上所寫與巻子所錄同。然文中「時咸通六年」「六」字，疑本元字之誤。唐人寫元字第二、三兩筆相連，而第四筆只小挑，遂與元字形似。故「元」、「六」得相誤也。更六為元，則文義謅遂矣。又此記與張氏開窟關係如何，甚難判斷；然張氏開窟，不能早於咸通初年，以議潮於二年尚自將兵復涼州，則咸通初，河西尚未全復。亦不能後於七年，蓋議潮以八年入朝，此後遂不返沙州也。此記在咸通元年作，與張氏開窟吻合，則大書於壁，以明莫高開窟史實，固亦獨當方面如張氏者所能為之者也。故即以記之由來歸之張氏云。

咸通二年九月，議潮自將蕃漢兵七千人，收復涼州，遣使入告，奏曰：「咸通二年（八六一），收涼州，今不知卻□□雜蕃渾，近傳嗢末隔勒往來，累詢北人，皆云不謬，伏以涼州是國家邊界，嗢末百姓，本是

河西隴右陷沒子將（孫？），國棄擲不收，變成部落，昨方解辨（辯），只得撫柔（缺）使為犴（豻）狼荊棘，若（缺）饋運不給，比於贅疣。（缺）棄擲於獷俗，連秭相牽狀，竟犯關為寇，國家又須誅剪，不可任彼來侵。若微舉兵戈，不撓州縣，今若廢涼州一境，則自靈武西□為毳幕所居。比年使州縣辛勤，卻是為羯胡修造，言之可為痛惜。今涼州之界，咫尺帝鄉，有兵為藩垣，有地為襟帶，扼西戎衝要，為東夏關防，捉守則內有金湯之安，廢之（原作指）則外無堵塹之固，坡圓（圖）可羚指事足明。不得不言，希留聖鑑。今豈得患□盜□，放為寇仇，臣恐邊土之人，坐見勞弊。臣不可伏匿所知，臣不敢偷安爵位，俾國家勞侵忍霄汗憂勤，臣不言有於國家而不用，死亦甘心噬齊（臍）歸□祭廟，亦（以）彰於唐典。」情辭懇直，帝用嘉之。十月，敕曰：「涼州朝廷舊地，收復亦甚辛勤，藩屏□□，固不拋棄，但以曲長申奏，糧料欠□，除暫見權宜，亦非久制。近知蕃□狀，不便改移，今已允一切仍舊，□推心許國，遞有奏論。念其懇□，深可嘉獎。宜令中書門下宣布。」S.6342 卷。

　　議潮收復涼州事，《通鑑》載之四年（八六三），云：「歸義軍節度使張議潮奏自將蕃漢兵七千克復涼州。」茲據 S.6342 卷。
明年，置涼州節度使，領涼、洮、西、鄯、河、臨六州。《唐書·方鎮表》。發鄆州兵二千五百人戍之。《五代史·吐蕃傳》。七年（八六六），遣使貢方物《舊史·懿宗紀》，十月奏差回鶻首領僕固俊與尚恐熱大戰，擒斬之，傳首京師。其餘眾奔秦州，尚延心破之，奏遷於嶺南，吐蕃遂衰絕。於是河隴肅清，朝廷無西顧之憂。議潮乃請入覲，明年八月入朝，詔拜右神武統軍，賜田宅京師；命其從子淮深代守歸義。十三年八月卒於長安賜第，年七十四，贈太保，葬滻水南原。
　　張氏年齡，見 S.6973 卷，其文云：「（注，官高一品，兼授左神武

□〔將〕軍，朝廷偏獎也。）宣陽賜宅，稟實九年之儲。（注，司徒宅在左街宣陽坊，天子所賜糧料，可持九年之實。）錫壤千畦，地守義川之分有注。忽構懸蛇之疾有注，行樂往悲來，俄經夢奠之災有注，有時而無命。春秋七十有四，壽終於長安。」按 S.3329、P.2762、S.6973 等三卷，乃淮深時為議潮、議潭所撰勛德記。S.3329 為篇首，P.2762 為篇末，敘議潮兄弟功業至詳。或亦撰《延綏別傳》之張景球所為。其文體相似，且又相承也。余別有箋注，附言於此，以告留心議潮事蹟者。卒「詔贈太保」，諸史不載議潮飭終之典，《李氏再修功德記》並稱為太保，故據之。

妻宋氏，妾盧氏。

妻宋氏，見出行圖。題「宋國河內郡太夫人廣平宋氏」。又見 P 七十九窟，即張大千四十六窟。題記：「叔母宋國郡太夫人宋氏。」又同窟本殿底層像列第二身，題云：「叔母夫人盧氏。」此為淮深所開窟，叔母指議潮夫人。至盧氏無封號，議潮無他兄弟，則必為議潮次妻無疑。

無子，女十餘人，其一歸索勛。其十四女歸李明振，後定索勛之亂以復張氏之傳。

P 十七洞右壁第二人題名：「侄女泰貞十五娘一心供養。」此淮深開窟，則泰貞為議潭女。稱十五娘，則張氏諸女，依「大排行」為次也。又 P 七十九洞亦淮深開窟，本殿後壁底層左列第一、二兩身題名為「妹師登壇大德尼德勝一心供養」及「妹師威儀尼花……一心供養」，此兩妹為議潭女抑議金女，不可確知，姑附此。

兄議潭，大中五年與州人李明達、李明振、押衙吳安正等二十九人入朝告捷，並獻瓜、沙、伊、肅等十一州圖籍，及議潮入覲，亦「入陪龍鼎，賜金紫光祿大夫，兼檢校吏部尚書，□左金吾衛大將軍，兼御

史大夫，賜紫金魚袋，南陽郡開國公」。亦以七十四歲卒於長安永嘉坊私第，贈工部尚書。夫人索氏，晉司徒靖十七代孫，亦連鑣歸覲，卒後葬於月登閣北塋。《張氏勳德記》。

　　議潭事及題銜據《張氏勳德記》及又研九十四窟（P 八十洞）題銜。又索氏亦有封號見同洞題銜云：「母□□郡夫人鉅鹿索氏。」此淮深開窟，故曰母也。

二

張淮深，字祿伯，敦煌信義人……祖曰謙逸，贈工部尚書。考曰議潭，贈散騎常侍張景球撰《歸義軍節度使檢校司空南陽張府君墓誌銘》、工部尚書。叔父議潮。初議潮入覲，河西軍務封章陳穎總委侄男淮深，全守藩垣《張氏勳德記》。至乾符時，回鶻侵瓜州，淮深討平之，獲匈奴千餘，表奏僖宗，命左散騎常侍李眾甫等上下九使，詔賜重器，加勳爵。是時回鶻亦新受詔命，九使方歸，回鶻王子劇以兵臨西桐，淮深潛軍突穹廬，回鶻大敗，以功再建節髦，「特降皇華，親臨紫塞」，中使宋光廷。節用張景球撰《張府君墓誌銘》及《張淮深變文》，惟九使與宋光廷兩文所敘不同，依變文意審之，則九使先來，既歸而回鶻又叛，重討之，河西乃定。兩事相去不遠，則再建節髦事，當指河西戡定言，故兩采之。因其對地方有功德，故民間多稱頌之。

　　P.3431 原卷起「尚書見賊□降伏……」以下言尚書討回鶻，敗吐蕃，唐天子遣左散騎常侍李眾甫、供養官李會偉等上下九使，詔賜尚書。尚書即引天使人開元寺拜玄宗聖容，及九使回朝，遠送郊外，尚書感戴天恩，努力功名，更敗回鶻事。有說有唱，固當時流行之變文也。張景球撰《淮深墓誌》，亦稱「乾符之政，以功再建節髦，時降皇

華，親臨紫塞，中使曰宋光廷」，可能即此一事。宋光廷或即九使中之一，抑為繼九使重來之使？依《變文》斷之，則九使與宋不當為同時。然相去不遠，可能為淮深第二次征回鶻得勝而來者，故余斷與九使為兩次派遣。

按《變文》中稱淮深為尚書，又有「詔命貂冠加九錫，虎旗龍節曜雙旌」之語，及「去歲官崇總鳥政，今秋寵遇拜貂蟬」，與《張氏勛德記》（此即 P.2762 卷）、《張淮深墓誌》、《李氏再修功德記》等皆相應。「今秋拜貂蟬」云云即指宋光廷來時，則是先拜散騎常侍（散騎常侍武冠右貂金蟬，見《通典》），再加尚書散勛，則淮深官衛，初以「歸義軍節度使」，加散勛「檢校散騎常侍」，後又更加「戶部尚書」，似無問題。然唐以來諸書及敦煌畫壁題識，皆不見淮深職銜勛爵，此中恐有他故。按 S.253 號卷子為沙州進狀言，光啟三年二月十七日三般專使所論旌節次第，中有：「本使一門，拓邊效順，訓襲義兵，朝朝戰敵，為國輸忠。請准舊例建節，廿餘年，朝廷不為指撝，今因遣閏盈等三般六十餘人，論節來者。」按議潮以咸通八年入覲，淮深即代掌沙州政權，至光啟三年，適為二十一年，則此狀為淮深使人所上無疑。是淮深代掌政權後，唐帝始終未給正式旌節，故廿年來「論節」之使不輟，與《張氏勛德記》、《淮深變文》等皆不合。則尚書、僕射、貂冠、龍節等，皆淮深順襲議潮舊制，節度自為者矣。然唐末方鎮雄據，多不遵朝廷舊制，淮深雖節度自為，而廿餘年「論節」之使不輟於途，略見君臣之誼，以當方面之尊，尚微有可取。況淮深秉議潮之命而代其職，則歸義軍職位，以代而真，而勛散則遞時而益，亦情勢之所不能不有者矣！

昭宗大順元年庚戌二月二十二日，歸義軍節度使張淮深以亂卒，妻陳氏，子延暉、延禮、延壽、延鍔、延信、延武六人死之，張景球為之

志墓。

　　此文寫本今藏巴黎，茲節錄如次：

　　張景球撰《歸義軍節度使檢校司徒南陽張府君墓誌銘》云：「府君諱淮深，字祿伯，敦煌信義人也。祖曰謙逸，工部尚書。考曰議潭，贈散騎常侍。府君伯，大中七載（八五三）任敦煌太守。理人以道，布六條而土鼓求音；三事銘心，避四知而寬弘得眾。乾符之政，以功再建節氂。特降皇華，親臨紫塞，中使曰宋光廷。

　　「公以大順元年（八九〇）二月二十二日殞斃於本郡。年五十有九，葬漠高鄉漠高里之南原禮也。兼夫人潁川郡陳氏，六子，長曰延暉、次延禮、次延壽、次延鍔、次延信、次延武等，並連墳一塋，以防陵谷之變。其銘曰：哀哉運蹇，厥必有時。言念君子，政不遇期。堅牛作孽，君主見欺，殞不以道，天胡鑑知。南原之禮，松楸可依，千古之後，世復何知！銘於旌表，用防改移。」

　　按淮深之死，並及妻孥，為敦煌當時叛亂爭奪所使然。後二年，索勛即篡逆張氏。則淮深即死於此亂也。史失其載，得此足以補之。又八八七年球為張延綬撰別傳，可與此相參，又《李氏再修功德記》亦載此事。參後。

妻陰氏，妾陳氏，子六：延暉、延禮、延壽（綬）、延鍔、延信、延武。

　　張景球撰墓誌，記淮深同死諸人，有「兼夫人潁川郡陳氏」。曰「兼夫人」，則非正妻，故亦無封號。潁川陳氏者，舉郡望也。又伯希和第一窟畫壁第十二身，題「河西節度使張公夫人，後敕授武威郡君大夫人陰氏一心供養」，此淮深妻也。詳下。

延綬，淮深第三子，或作延壽，同音字也。光啟三年，受左千牛，兼御史中丞，他無可考。

延綬事，詳節度判官權書記朝議郎張景球撰別傳，附於下。

張延綬，字搢紳，即河西節度金紫光祿大夫檢校尚書左僕射河西萬戶侯南陽張公字伯祿之第三子也。博學多聞，尤好詩禮，蘊蓄百家之書，靡不精確。留心騎射，頗得由基之術，身長六尺有餘，臨陣擐甲，驏馬揮槍，獨出入表。平原淺草，活擒虎狼。至如黃公三略，納在胸中；孫子六韜，手不釋卷。性頗沉默，剛毅稀言；有慶忌之勇，懷子路之信。每至金風初變，擁鐵騎於三關；獨建雲旗，護敦煌之千里。登山望遠，有陳湯吞并之心；籌畫機權，羅覆張飛之膽。長城以北，休聞沓鞬之交；大漠以南，戮斷西戎之臂。元戎寶鏡，展匣而照樞機，懸榖銅牙，百發穿楊之勝。於時光啟三年三月七日，寵授左千牛兼御史中丞，加之以仁孝，罔乖定省於晨昏，扇枕忘疲，觀志立不專之行。閨門友愛，懷橘致采蘭之芳；接士迎賓，握髮解金臺之榻。公其時年方壯齡，智勇雙秀，僕射之政，遠蕃歸仁，塞下清晏。講兵論劍，搜煉戎韜，即得玄中之術，一方無晏開之憂。出地升天，勢奪長平之陳。又善擊毬，邠□莫敵（會昌時邠州節度張君緒能對御打毬）。懷挾裝戎，實謂赳赳武夫，若遇文士，連宵請益，□覺睞之過廓。又善絃管，頗獲奇奧，花間宴樂，不倦於艷陽。臨水撫琴，誠有衡岩之志（榮啟期□衡山之陽），鹿皮為裳，撫琴而歌。夫子見而問曰：子有何樂而至於斯？□□期曰：我有三樂。一者我聞男尊女卑，今已得之，是一樂也。既得人身，我今行年九十有七，是二樂也。貧者人之分也，死者人之終也，知分處終，吾何怨焉，是三樂也（智人以□懷者也）。每遊邑中，嘗有悉隱人事，思及□吏，是以人多伏其紀德。余固不才，略標傳首，後來髦俊，請□歌詩爾。於時大唐光啟三年閏十二月十五日傳記。

　　按《張淮深墓誌》言淮深六子皆從死，其第三子曰延壽，與此傳合，此作綏者，同音字也。

淮深在日，亦開窟為功德。

　　按敦煌莫高張淮深以後諸張氏窟，年代皆不能確考。故匯錄於此，以見一代之興替，亦敦煌研究者之不可廢也。

　　按伯希和氏七十九窟，即張大千氏之四十六窟，文研所之九十九窟。道右壁底層像列第一身藍底金字題名一行：「……金紫光祿大夫、檢校戶部尚書、直左金吾衞、□□□御史大夫、賜紫金魚袋、南陽郡開國公諱議潭。」此淮深父也。蓋獻地入覲有功，後又隨議潮入京累封也。又參道左壁底層像列第一身藍底金字題二行：「叔前河一十一州節度管內觀察處置等使，金紫光祿大夫、檢校吏部尚書、兼御史大夫、河西萬戶侯、賜紫金魚袋、右神武將軍、南陽郡開國公、食邑二千戶、實封二百戶、司徒，諱議潮。」按淮深為議潮兄子，故此題稱叔。此題銜與議潮生時題銜不同，蓋多死後加爵。又本殿右壁底層像列第一身藍底金字題云：「□□　姑臧郡大夫人鉅鹿索氏。」按此議潭妻、淮深母也。又本殿左壁底層像列第一身藍底金字題云：「叔母廣平郡大夫人宋氏。」此議潮妻，淮深叔母，即前《出行圖》之女主也。又同列第四身題名云：「叔母夫人盧氏。」按此不知為議潮弟輩妻，抑議潮次妻？然張氏諸窟，不見議潮有弟婦，則疑亦議潮次妻或妾，故無封號也。此外尚有本殿後壁底層左列第一第二兩題名，一為「妹師登壇大德尼德勝一心供養」，及「妹師威儀尼花……一心供養」。則當為淮深諸妹行也。

　　據以上諸題觀之，則此窟乃張淮深所開功德窟，此其可考者也。

三

淮深既卒，弟淮沽嗣，沽卒，子承奉幼，托之於瓜州刺史索勛。索勛
者，議潮子婿，名勛，字封侯，敦煌人也。祖靖，仕晉，位登一品。
父琪，任敦煌郡長史，贈御史中丞。議潮既收復沙州，以功累官授昭
武校尉持節瓜州諸□□□□□墨釐軍押蕃落□□─□□□ ……（詳索
勛《修窟紀德碑》文）至是勛乃自為節度。景福元年，朝命許之。

按淮深以大順元年（八九〇）二月卒，卒後二年，景福元年（八
九二），索勛即竊據張氏世勛，受朝命，為節度。則淮深卒後二年中，
乃索勛陰謀篡逆之時。《再修功德記》有云：「先君歸覲，不得同赴於
京華，孫族留連，各分飛於南北。於是兄亡弟喪，社稷傾淪，假手託
孤，幾辛勤於苟免。」又文後有「伊西等州節度使兼司徒張淮深」及
「妻弟前沙州伊西□河□徒、□檢校□□、□□兼御史大夫」、缺「史
缺等州節度使、兼御史大夫下缺」三題銜。除淮深外，尚有一「州節度
使，兼御史大夫……」，其必為淮深之弟淮沽無疑。則淮深、淮沽兄弟
相繼亡喪，已無可疑。而其亡又必與索勛有關。「假手託孤，幾辛勤於
苟免」，則淮沽卒時，又必有託孤之事，亦自此記可以推知之。而所託
之孤，正索勛陽以尊寵之承奉見後，亦無可疑。此得自記中資料以補之
者也。大約淮深時，晚年變故，生於宗親，猝未及防，故淮深盡室以
斃，而其弟輩淮沽承之，稱節度，兼御史大夫，索勛又除之。然張氏
有世德，人心歸之，故初仍假議潮侄孫承奉以作過渡，此亦立楚懷孫
心之意也。

索勛為議潮子婿，見張景球撰《河西道歸義節度紀德碑》，文云：
「公則□□西節度張太保之子聟也。」景福詔命，許為節度事，亦見
《紀德碑》。碑文云：「上襃厥功，特授昭武校尉，持節瓜州諸缺墨釐軍

押蕃缺……於時景福之祀，白藏無射之歲，公特奉絲綸，就加缺……」
由此兩題銜，所能知者，勛以功先官瓜州刺史，至景福元年，奪張氏
政權後，乃得敕封為沙州節度也。其結銜《紀德碑》已殘，就伯希和
六十三洞，張大千三〇五洞，敦煌文研所一九六洞，此壁供養人第一
身為索勛，其結銜為：

　　敕歸義軍節度沙、瓜、伊、西等州管內觀察處置押蕃落營田諸
使、□□軍、檢校吏部尚書兼御史大夫、鉅鹿郡開國公、食邑二千
戶、實封二百戶、賜紫金魚袋、上柱國索勛一心供養。

　　然伯氏一百六十七洞，索勛一像結銜為「檢校右散騎常侍……」，
當為朝廷初命之實稱。而檢校散勛為尚書，則疑勛之自專。以勛據張
氏政權，為期不過一年，必不能更有朝命也。
　　又文研所九窟，即伯希和一六二窟，張大千一五五窟，亦為索勛
或張、索、李三姓共修窟，其參道左壁列像二身，第一身題云：

　　……光祿大夫、檢校司徒、同中書門下平章事、南陽郡開國公張
承奉一心供養。

　　第二身云：

　　□□□□□□□瓜州刺史、□□光祿大夫、檢校右散騎常侍□御
史大夫、上柱國隴西郡李弘定一心供養。

　　洞口男像二身，第一身題云：

　　□□節度管……置押蕃落等使、銀青光祿大夫、檢校右散騎常侍兼御史大夫索勛供養。

　　第二身題云：

　　朝散大夫、沙州□軍使、銀青光祿大夫、檢校左散騎常侍兼御史大夫上柱國、隴西郡李弘諫一心供養。

　　以四題名定之，則當在託孤後勛未攘張氏政權之時所開。張、索、李三姓駢列，勛此時散勛不過「散騎常侍」，與李氏弟兄約同，而承奉則已榮為三公，曰司徒、曰同中書門下平章事，則勛位至崇，而二李分主瓜、沙，又非勛亂定後之司分，則此必承奉初嗣之窟，在勛未亂時者也。然有可決者，即未受託孤之命之時，勛必已移來沙州，承襲淮深以來部分舊稱，則此窟之開，蓋勛初入節署時尚未謀篡也。**索勛攘張氏世勛，為時雖暫，亦開窟為功德。**

　　按敦煌文物研究所編號一百九十六（即伯希和六十三、張大千三〇五窟），洞內東壁有三世佛一鋪，左為普賢一鋪，右為文殊一鋪。南壁經變三鋪，菩薩十五區；西壁《牢度□斗聖》；北壁經變三鋪，菩薩十五區；中央佛臺供左右菩薩各一區，座下伎樂五區，臺下四周供養菩薩。供養人像：洞口南壁男像一身，烏帽、朱衣、腰笏、手持長柄香爐，題名：

　　敕歸義軍節度沙、瓜、伊、西……（見上）

　　第二身亦朱衣、腰笏、手持香爐，題名：

男故……檢校……守沙州長史兼御史中丞承勛一心供養。

（此從向達所記）。承勛即勛子也，故稱男。又莫高窟尚有索勛碑，余細按其事蹟，亦勛敕節度使時作，且即此窟開建之功德碑也。碑中言「景福元年，特奉絲綸」之語，又有「□壁猶存，損疑誤儀尚宛□，以風摧雨爛，尊像塵蒙，棟踐廊空」，言窟洞崩壞，尊像壞爛也。又云「於時改作四廂，重修南樓，北安寶殿」云云，則言重修窟門及正殿也。全文多挩誤，余已細校錄入《敦煌文錄》中，茲不贅。

昭宗乾寧元年甲寅，議潮十四女李明振妻，出定索勛之難。請於朝，以侄孫承奉嗣為節度使。朝命使者內侍常□□□、副使齊琪、判官陳思回齎詔書，詣沙州慰問。時明振已先卒，詔以明振長子弘願充沙州刺史，兼節度副使，次子弘定充瓜州刺史，墨釐軍押蕃落等使，第三子弘諫充甘州刺史，以酬其庸。

按此節略本羅振玉《張議潮傳》原文，惟羅氏以嗣者為議潮孫，又不明言為何人，實未審。嗣者即承奉也。議潮無子，不得有嫡孫。余疑索勛之篡亂，可能即因議潮無後，而思奪之，而李明振之定亂，則又議潮諸婿之爭也。議潮無孫，承奉必議潭之孫，而明振妻必立此者，張氏世勛在人不能強奪也。又明振早已騰達，諸子又必有成，視索氏為強宗，則定索難者，所以爭政柄；立承奉者，所以安人心。然自此而張氏又得血食，終唐之世，世守之而莫替矣。

他事據《李氏再修功德記》，皆可一一證明羅氏之言無大誤。詳下附《功德記》餘文。

李明振妻定難之役，詳載《修窟畫像》碑文。

按敦煌文物研究所編號卷一百四十八，伯希和十，原為聖曆元年李懷讓窟，李明振妻則於舊窟重修之也。其西壁佛臺下男像第十身題

名云：「弟子銀青光祿大夫、檢校國子祭酒、守涼州左司馬、兼御史大夫、上柱國、隴西李明振一心供養。」按男像第二十身稱：「男上柱國弘□。」（當為願之殘，李氏長男也）第廿一身稱「甥」，而李明振自稱弟子，則窟主身分也，故其男其甥隨之。又佛臺下女像二十身，其第十七身稱「嫂張氏」，則不得為張議潮家窟，當即明振夫婦修窟為功德之明徵。此窟畫壁，因重修而不能全知其統紀，因有碑文，得與此一題識互證，為張、李兩姓重要史跡，故細為之校，附錄如次。

此碑原刻，今尚存莫高窟，多漫滅。茲據今拓本及徐松《西域水道記》、道光《敦煌志》校錄如下。碑高八尺一寸，廣三尺，額篆書四行，行三字，曰「唐宗子隴西李氏再修功德記」十二字。徐氏云：「可辨者二十八行，行六十三字，前後似各有一行全缺，末行字不依格。」

原夫天垂萬像，以遵中極之官；四輔匡持，翼一人於元首。固有承乾御宇，繼王蒃之貞芳；贊佐金門，必維城之所向。所以帝室千房，宗城萬里。固本根而枝葉遂繁，承皇族而圖籍麏廣。乃有故府君諱明振，字九皋，即西涼□□武始王之系也。曾祖顥，唐□言□大□□□□、左司郎中，賜緋魚袋，□□□□□□□□□□□□□暐（以上據羅振玉《西陲石刻錄》所載補入）。暐歸唐，贈右散騎常侍。英髦驤駉，河岳粹靈，皆以稽古微言，留心儒素。或登華第，更高拔幟（羅作熾）之名；文職（徐羅皆作戰）都堂，每中甲科之的。雖云流陝（徐作陷），居戎而不墜弓裘。暫宰「蕃朝」（羅作此二字），猶爾將軍之列子。既承恩鳳闕，父乃擢處貂蟬。朱門不愧於五侯，樹戟崇隆於貴族。至而（志作其）源分特秀，門繼簪裾。家承九錫之枝，流派祥雲之胤。時遭西陲汩沒，洎於至德年中，十郡土崩，殄絕玉關之路。凡二（羅作三）甲子，運偶大中之初。中興啟途（志作運），是金星耀芒

之歲。皇化溥洽，通乎八宏（當作紘）；遐占雪山，綿邈萬里。府君春秋才方弱冠，文藝卓犖，進止規常，迥然獨秀。時則妻父河西隴右一十一州節度，管內觀察處置押蕃落營田支度等使，金紫光祿大夫，特進，食邑二千戶，實封三百戶，賜紫金魚袋南陽張公諱議潮，慕公之高望，借公之文武。於是乃為秦晉，遂申伉儷之儀。將奉承祧，世祚潘陽之美。公其時也，始蒙表薦，因依獻捴，親拜彤廷。宣宗臨軒，問（徐作向）其所以，公具家牒，面奏玉階。上亦沖融破顏，群公愕視，乃從別敕，授涼州司馬，檢校國子祭酒，兼御史中丞，賜紫金魚袋，錫金錢寶貝。詔命陪臣，乃歸戎幕，二十餘載，河右麾戈，拔幟抉囊，龍韜盡展，克復神烏，而一戎衣，珍劾寇於河蘭，馘獫戎於瀚海，加以隴頭霧卷，金河泯湍瀨之波，蒲海裛鯨，流沙弛列烽之患，復天寶之子孫，致唐堯之壽域，晏如也。百城無拜井之虞，十郡豐登，吏士賀來蘇之政。此乃三槐神異，百辟稀功，英雄半千，名流萬古。公又累蒙朝獎，渥恩日深，方佩隼旟（依羅補此字），用堅磐石，勛猷未口（徐作萃），俄已云亡，享齡五十有二，終於敦煌之私第。亡叔僧妙弁在蕃，以行高才峻，遠遍瞻依，名達戎王，贊普追召，特留在內，兼假臨壇供奉之□（徐、羅皆作號）。師以擅持談柄，海辯吞流，恩洽敦煌，庇庥家井，高僧寶月，取（志作收）以為儔，僧睿餘蹤，扇於河隴。亡姚汜氏太夫人，龍沙鼎鼐，盛族孤標。庭訓而保子謀孫，軌範而清資不□（徐、羅皆作乏）。承家建業，薦累代而揚名；閭閻聯綿，長緒帝王之室。今乃逝矣，佳譽存焉。故府君贈右散騎常侍，生前遇三邊無警，四人有暇，於東皋命駕傾誠，謁先人之寶剎。回顧粉壁，念疇昔之遺蹤；瞻禮玉豪，嘆紅樓之半側。豈使林風透閫，埃塵寶座之前；峣嶺陽烏，暴露茶毗之所。嶝道之南，復有當家三窟，今亦重修，巨（徐、羅皆作泥）金華石，曾（徐作篆）籀存焉。

於是乃募良工，訪其杞梓，貿材運斧，百堵俄成，魯國班輸，親臨勝境，雲霞大豁，寶砌崇墉，未及星環，斯構矗立。雕簷化出，巍峨不讓於龍宮；懸閣重軒，繞萬層（此字據羅本）於日際。其功大矣，筆何宣哉！亡兄河西節度衙推兼監察御史明達，天與孤貞，松筠比節。懷文挾武，有張賓之策謀；破虜擒奸，每得玉堂之術。曾朝絳闕，敷奏金鸞，指畫山川，盡縱橫於天險。兄明德任沙州錄事參軍，操持吏理，六曹無阿黨之言；深避四知，切慕乘鷗之詠。兄明詮，敦煌處士，今古滿懷，灑落《卿云》之□（徐作彩）。仁先效義，光騰圖露之文；五柳閒居，慕逍遙於莊老。夫人南陽郡君張氏，即河西萬戶侯太保張公第十四之女。溫和雅暢，淑德令聞，深遵陶母之仁，至切齊眉之操。先君歸覲，不得同赴於京華；外族留連，各分飛於南北。於是兄亡弟喪，社稷傾淪。假手託孤，幾辛勤於苟免。所賴太保神靈，□（徐作幸）思剿斃，重光嗣子，再整遺孫（據羅本）。雖手創大功，而心全棄致，見機取勝，不以為懷。乃義立姪男，秉持旌鉞，總兵戎於舊府，樹勳跡於新塀，內外肅清，秋毫屏跡。慶豐山踴，呈瑞色於朱軒。陳霸動容，嘆高（徐作高）壯室。四方向義，信結鄰羌。運籌不愧於梓橦，貞烈豈慚於世婦。閑生神異，成太保之徽猷；雖處閨門，實為丈夫之女。然棲心悟道，並棄樊籠，巡禮仙岩，願圖鏤於瑞象。於時頓舍青鳬，市紫金於上國，解瓔珞、棄珠珍、銷金鈿於廊廡，運虛槖於庭際，乃得玉毫朗耀，光沖有頂之峰，實相發輝，直抵大羅之所。長男使持節沙州諸軍（徐做事）、□（志無沙州諸軍□□等六字）沙州刺史兼節度副使、檢校右散騎常侍、御史大夫、上柱國弘願，輔唐憂國，政立祥風，忠考頗懇於君親，禮讓靡忘於伯王，六條布化，千里隨車，人歌來暮之□（徐作謠），永頌龔黃之績。次男使持節瓜州刺史、墨離軍押蕃落等使兼御史大夫弘定，文武全材，英雄賈勇。晉

昌險要，能市頗牧之威；巨野大荒，屏蕩匈奴之跡。挾纊有幽於士卒，泯燧不愧於襄陽。都河自注，神知有道之君；積貯萬廂，東郡著雕金之好。次男使持節甘州刺史兼御史中丞、上柱國弘諫，飛馳拔拒，唯慶忌而難同；百（「同、百」二字羅本作「儔、七」）步穿楊，非由基而莫比。洎分符於張掖，救恤悍孤；市皇化於專城，懸魚發詠。次男朝議郎、前守左神武將軍長史兼侍御史弘益，三端其備，六藝精通。工書有類於鍾繇，碎札連芳於射戟。□深（二字羅本作子云）特達文雅，而德重王音。於時豐年大稔，星使西臨，親抵敦煌，頒宣聖旨。內常侍楊□□□□康玉裕稱克殉，副伴師大夫稱齊拱，□（徐作判）官陳大夫□思回，偕殿廷英俊，樞密杞材，遐耀天威，呈祥塞表，因鑿樂石，共紀太平。余所不材，斐然狂簡。□□□□元年，歲次甲寅拾月庚申朔五日甲子。（缺，以下據徐、羅二本補）□□□哎哎□□□□叻吋宋國（約缺八、九字）伊西等州節度使、兼司徒張淮深，妻弟前瓜沙伊西□河□徒、□檢校□尚書，兼御史大夫張淮□，（缺）等州節度兼御史大夫（下缺）。

《敦煌縣志》於此碑後有跋云：「右至狂簡，其文已完，後特紀年月。考甲寅歲昭宗乾寧元年也。後尚有二行，俱剝落，隱隱見官號，字較密於前，然多不可識矣。」寅按此碑所謂涼州司馬、檢校國子祭酒兼御史中丞者，即李唐之宗族明振也。大中八年，張議潮遣兄議潭及州人李明達、李明振等奉圖籍以獻。宣宗擢議潮沙州防禦使，明振之涼州司馬、檢校國子祭酒，當在此時或十一月之後，皆不可知，茲不細贅。至文中所記，蓋李氏之先，曾於千佛岩建有寺宇，李君之父，贈右散騎常侍者，重為整理。後李君之妻議潮女南陽郡君，又於岩窟繪畫佛像，故云再修，因作此記，備載李氏三世官閥政事，及修寺梗

概，刻石置洞中。今寺已久湮，而圖畫極工，以不見風日，金壁粉墨之色不變，與此碑同為塞外舊觀。

四

承奉者，淮深侄，淮沾子也。

　　淮深子以「延」排行，見於《淮深墓誌》及《延綬傳》。承奉名不用延字，是否為淮深子輩，抑為孫輩？不可決。然依零雜資料定之，則亦子輩而非孫輩也。一《李氏再修功德記》有「再整遺孫，義立侄男」，遺孫尚可言孫以下之通稱，則曾孫亦可。而侄男則以為議潮女之侄男者，不為淮深之孫明矣。且曰「再整」，則必有初立。承奉之必為索勛所補佐者，得自第九窟「檢校司徒同中書門下」之題銜而可斷之。則承奉之必為再整之遺孫，不用延字排行者，不出兩因：一則延字為淮深子所用，而承奉不為淮深子而為淮沾子。二則承奉不依諸兄弟例，此雖所關至小，亦治史者所不當廢。

自索勛之亂既定，承奉得再主沙州政權，援用舊稱節度之名，至昭宗光化三年，乃得唐帝實授，直至天祐二年不廢。

　　按 S.2263，乃將仕郎張思賢受承奉命集諸家著作，刪除淫穢，為《葬經》三卷，時為乾寧三年（八九六）五月，署「歸義軍節度使押衙兼參謀守州學博士（誤作仕）將仕郎張思賢集」。文中云：

　　……思賢生居所陋，長在危時。學業微□，不遇明師。年至從心，命如懸絲。今遇我歸義軍節度使南陽張公諱承奉，有大威慧真俗變行……

　　則承奉早已襲「歸義軍節度使」舊名，不待光化三年之實授矣。《舊唐書·昭宗紀》，光化三年（九〇〇）稱：「前歸義軍節度副使權知兵馬留後、銀青光祿大夫、檢校國子祭酒、監察御史、上柱國張承奉」為「檢校右散騎常侍，兼沙州刺史御史大夫，充歸義軍節度瓜、沙、伊、西等州觀察處置押蕃落等使。」依此結銜，則上舉九窟題名之「檢校司徒同中書門下平章事」及「歸義軍節度使」等名皆張氏在沙州之自稱也。然「歸義軍」與「司徒」為張氏世勛，則亦可言承奉襲用世職，而「同中書門下」，則直為後來白衣天子之浸漸矣。又其稱歸義軍節度，與李弘願之稱副使，不僅見於私記如《功德記》之類，且亦用於公文之中。如乾寧三年（八九五）三月十日之歸義軍節度使張與副使李弘願之布疏，見 S.4470 卷，此與《功德記》題銜全相合。天復二年（九〇二）之沙州節度使致都僧統疏，及都僧統光帖諸僧尼寺綱管徒眾等（S.1604），天祐二年（九〇五）之歸義軍節度使張祭風伯文（S.5747 卷）。其見於題識者，尚有文研所一百六十二伯希和五十一洞，張大千二百八十三洞，窟內門楣上敦煌龍興寺沙門明□撰《佛贊文》序有「願我河西觀□□置……節度使張公」之語，此序寫時為癸亥二月壬寅朔，蓋昭宗之天復三年（九〇三）也。

天祐二年（九〇六），承奉建號為「西漢金山國」，迄梁乾化元年（九一一）之間。金山國曾數拒回鶻入寇。乾化元年，回鶻可汗之弟狄銀，兵逼沙州，承奉力屈，乃約為父子之國，至梁貞明五年（九一九）卒（詳王重民先生《金山國墜事零拾》，此不具），而張氏絕矣。沙州人推長史曹議金主政。

　　天祐二年（九〇六），承奉祭《祭風伯》，其結銜為「歸義軍節度瓜、沙、伊、西管內觀察處置押蕃等使、金紫光祿大夫、檢校司空兼御史大夫、南陽張公，以牲牢之奠，敢昭告於風伯神」。按此題銜，遵

用唐誥，無所差，則前此之「同中書」云云，為自私稱益明。張氏世守邊陲，奉正朔未替，為氏尤明白。自唐政衰微，天下共爭，乃有「西漢金山國」之號，而自名曰白衣天子云。（以後別詳《瓜沙曹氏年表補正》及《瓜沙曹氏世譜》所及）

附：張氏世序表

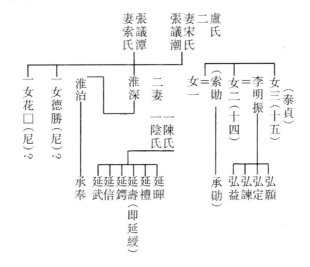

（原載《中華文史論叢》1979 年第 3 輯，此據《敦煌學論文集》，上海古籍出版社 1987 年版）

敦煌造型藝術

　　莫高石窟在唐已千餘。若每窟壁畫三堵，塑像十軀，則唐代壁畫在三千堵以上，塑像在萬軀左右。此真舉世古今最大藝苑。而現毀損難計。據年來公私所布數字看，存畫塑石窟，僅四百六十九（張大千氏把耳洞算入正洞，故數目小於此），其中唐以前只存三百十八，計魏窟二十二，隋窟九十，唐窟二百〇六；其餘唐以後新建者，計五代窟三十二，宋窟一百〇三，西夏窟三，元窟八，清窟五。壁畫之數，據常書鴻君統計，莫高窟全部面積以高五公尺畫面計，約共二萬五千餘公尺，全長可展二十五公里。塑像數目，唐以前為一千四百八十九軀，計魏塑七百二十九軀（包括影塑四百五十六軀），隋塑三百十八軀，唐塑四百四十二軀。再加上五代塑三十九軀，宋塑一百八十七軀，西夏塑八軀，元塑四軀，清塑六百八十四軀，實共二千四百十四軀。清塑無甚價值，若不計在內，亦近二千軀，此足為世界塑像寶庫資格。其實吾人並不以數量誇飾，因內質上言，蓋亦豐富而多面也。

一　畫

　　敦煌畫，自其使用材料言，可分為壁畫與絹紙畫兩類，而壁畫占絕大多數，故以此壁畫為主。絹與紙已全部流落國外。

　　窟內諸作，大致南北壁上三之二為釋迦樹下說法像，或《佛本行經》、《賢劫千佛》。西壁佛龕之左右、帳門及佛龕內，為十大弟子；左右帳門上端最多者如《普賢供養品》，間亦有作《文殊問疾品》。窟頂上多為散花神怪、飛仙，或《賢劫千佛》，亦有為《佛本行經》者。東南北壁最下端及佛龕下為窟主之一家供養人像，有為夜叉者。南北壁間之《佛本行經》等，常占全壁三分之二，頗似後世之橫幅，有上下連續三段者。故事中人物狀態，連接而錯雜，驟視之幾不可解，頗似今之連環圖畫。似此畫法，至唐時始不復見。總之，此時期以佛傳圖及佛本生故事為主題，其他亦涉及人民生活全部實際。上來單就各畫分布地位粗略分類，若細從內容而論，則除佛菩薩像外，有《佛本生圖》、《佛傳圖》、佛教故事，及釋迦《降魔變》、《涅槃變》、屍毘王本生故事、薩埵那太子本生故事、須達那太子本生故事、鹿王本生故事。

　　按《佛傳圖》所描寫佛一生故事極多，大抵畫某一小段為一壁者多，亦有連若干小段為一連環畫者。其中有「然燈佛為善慧童子授記」、「乘象入胎」、「摩耶夫人出遊」、「樹下誕生」、「九龍灌頂」、「擊鼓報喜」、「七日喪母」、「悉達練騎」、「空中警策」、「太子挱力」、「擲象成坑」、「悉達議婚」、「五欲娛樂」、「出遊四門」、「初啟出家」、「半夜踰城」、「落髮貿衣」、「車匿還宮」、「六年苦修」、「禪河沐浴」、「授記龍王」、「二商奉食」、「釋迦降魔」、「臨終遺教」、「涅槃」、「入棺」、「現身說法」、「金棺自舉」、「均分舍利」等。

　　此外有五百強盜故事（描寫五百強盜，被捕剜眼，因信奉佛教，

以致復明之佛教傳說故事)、《維摩詰經變》(毘邱離城長者維摩詰,富而好施,供養無量金佛,宣傳佛法,常作病狀,人來慰問,遂説以佛法大乘佛經)、《西方淨土變》(西方淨土,即阿彌陀佛所住之地,佛經中所説西方極樂世界)、《彌勒經變》(彌勒下生經畫圖)、《觀經變》(阿闍世太子殺父,其母韋提希夫人,對世界一切作靜觀默想)、《東方藥師變》、《報恩經變》、《普門品變》(《法華經》敘信仰觀世音菩薩可以解脱一切苦難)等。此類故事畫,魏、隋較少,而唐以後最多,層出不窮,真是佛教故事之寶庫。除故事外,有伎樂天、伎樂飛天,為每一説法圖上皆有之畫面。其他還有僧人苦修圖,描寫僧人出家後苦行生活。單身像中,佛菩薩而外,有文殊、普賢、觀音(八臂、十一面、千手千眼、水月等)菩薩較多。其次為阿修羅王、天王、龍王,同密宗之不空羂觀音、嘛哈迦拉大威德。除此而外,亦有非佛教畫面:中國固有神話圖,如東王公、西王母圖,龍、鳳及玄武、白虎,及其他諸神話圖(雄虺九首、飛廉等,見於《山海經》、《楚辭》、《天問》等書中)。亦有當時統治階級的達官貴人圖,如張議潮《收復河西圖》、宋國夫人(議潮妻)《出行圖》、張議潮夫婦、曹議金夫婦、于闐國王李聖天皇后曹氏、曹延祿夫婦等人像及諸供養人群像,及許多西域諸國太子貴賓等人像。更可貴者,當時人民生活寫實圖片,如採果、伐木、狩獵、耕作、捕魚、取水、操舟、角觝、習射、修塔、掃除、建屋、肩輿、貿易、背縴、守衛、收穫、揚穀、沐浴、游泳、屠場、擠奶、擔荷、磨穀、獵野豬、獵羊牛、獵鹿、乘牛、駱駝車、車馬、馬伕、武士、力士、農民、小市民等像,或配上雙虎、黃羊、群馬、野牛、野豬、猴、野鹿、盤角羊、狐狸等,寫人民生活全貌,應有盡有。其內容之豐富,又不僅於佛教寶庫,直是生活畫史。而山水畫亦在此中時見一二,為宋以後一大潮流之所自出。界畫亦頗足為上承漢

刻，下啟宋畫之根源，如塔、樓、閣、宮、殿、城垣、說法堂、居室、園囿及結合山水與界畫之圖面，如五臺山圖，亦顯然可見其承先啟後之風格。其他龕楣圖案、頂光背光、藻井、邊錦，無一不是調和中、印之結晶。

　　但應注意，全部畫面中不見或極少有道家畫面。雖以李唐尊道如是之盛，而於此獨缺者，一切文化，莫不有其一定的歷史條件、生活條件，雖以國家力量，亦不能虛構藝術！

　　就全部塑像與壁畫之作風來看，可以分為北魏以後為一時期，唐以後為一時期。北魏以前佛教輸入中土，使中土人民思想為之轉變，佛教藝術亦隨佛教經典與僧侶俱來（東來高僧中，如吉底俱、摩羅菩提等，皆為擅長繪畫之印度人），使中國樸素之古代美術，初則加上一層美之外衣，繼則類化為一種創新作風。敦煌美術之創始於晉而興於北魏，實為此一流波之所激成。當時傳入之佛教美術，大都來自印度，而印度自亞力山大東征以後，在其西北建立若干希臘小國，至西元後一二世紀之間，印度佛教大變動。於是混有希臘、波斯成分與固有之印度作風之犍陀羅派佛教美術，應運而生。所以此時傳入中土佛教美術亦感受羅馬、希臘乃至於波斯繁雜影響，亦有犍陀羅作風，此從魏塑與畫壁可以看出。有濃厚之印度畫風者，大抵筆觸粗健豪放、骨體野獷、單簡，略有塗染風味，著色簡單，而明快豪放，多用石青、石綠、赭紅，而黑白本色對照，多於間色塗染。其用圖案之處，頗有波斯作風，此皆受當時犍陀羅派之影響。其中亦保存一部分傳統作風，──自漢、魏以來藝術傳統形式，反映出中國社會現實──西陲人民生活方式。故余曾謂北魏畫風，是以中國傳統的象徵的寫意的裝飾趣味的結構，與西方寫實技巧互相融合，而成此中、印合流的特殊寫實之特徵。有時並加入中土事物，以為紋飾，如頂壁有漢畫中的

玄武，即是一例。又如上面畫佛故事，下面即畫一堵魏、晉人之遊樂圖，亦中、印交融之象徵。試以張大千氏編號之八十三洞為例，左壁上半繪釋迦捨身故事，背景為山、樹、洞頂、天花，裝飾為荷花圖案，四周有飛天神人惡魔怪物作飛舞狀，表現一種飄然輕舉現象，和現存漢墓彩畫、漆器畫有一脈相通之點。全部結構，無一不緊湊巧妙，豪放而簡單。在表現方法上，尚不注意重線處理，卻集中於面的效果，如漢代石刻平雕法、銅器鏤嵌法，使人清楚看到，人民藝術工作者，在接受外來文化時，尚保持固有優良作風。又如九十五洞故事畫，色彩作風與歐洲現代新派繪畫多相似。一百九十洞飛仙菩薩像，用筆豪放，色彩濃厚。試以伯希和《敦煌圖錄》（Les Grottes de Touen-Houang）證之，則一七九圖、一八九圖、一九〇圖、二八〇到二八五圖九幅，即足以證明上說之不謬。但西魏畫已稍稍有變化，用筆雖然奔放，但已無北魏之氣，色澤富豔，而無傳統的柔和之風，骨體清空放蕩，既非傳統，亦非印度風格，乃正在轉變中現象。但其清勁矯誕之氣，又正為轉變中得來之機契。

現象的表現，著重於畫面主題之擴大和加強，不甚重視比例，或「水不容泛」，「人大如山」，所以畫中之雲山樹木，不是用作背景，就是用作故事之間隔，形成屏風或序幕之效果。其構圖設計之巧妙，直到隋代。唐人以後，即不常見。

畫中用線部分，多作鐵線描，起落無大變化，卻活潑生動，使人體從柔軟衣褶中透出。可推想由曹不興到顧愷之用筆方法之發展。但許多壁畫，因年代過久，細鉤線條已漫滅，只剩些許輪廓，因此反而顯得特別深厚，其實原畫面貌，並不如此。

晉、元魏之畫，是中、印兩文化初接觸時產物，在基本上都各各保持自己最基本優點，保持合於中國民族性習與愛好之傳統意識，也

保持了最易接受與吸收之印度風格外在形式，故有生氣，有野獷之味，有樸實之風，有強烈刺激之感。此皆每種藝術滲入新成分必然之現象。到西魏之末，益見兩種文化之調協和諧，注入之新血液發生作用。所以是清勁調和，漸以熟練而趨於工巧。隋的莫高諸窟壁畫，也即此一路子，已將外來藝術，逐漸融化成為民族新藝術。由隋起用筆更形流利爽達，在表現方面，除佛教故事外，已出現場面簡單之《維摩經變》，也給唐代「經變」畫作了准備。和雲岡第五之維摩說法石刻，龍門賓陽之敘依隱枕手執麈尾維摩說法石刻，天龍山第三之高據講壇之維摩說法石刻比較，顯現敦煌畫是從中原佛教藝術發展而來。唐張彥遠《歷代名畫記》稱晉顧愷之在瓦官寺作維摩詰相，向觀眾捐得百萬錢，齊、梁時袁倩作《維摩詰變》有百餘事，可知此種經變，是魏、晉清談風氣下發展的，先盛行中原。石刻、絹素、手絹都用之為主題，後來方傳人敦煌。

故事畫中，反映當時社會現實人物作品，亦益寫實。一幅隨著當時統治階級進香之伎樂行列，構圖設計，就已達到很高的藝術效果。敷彩方法，雖還用赭紅作底子，但故事畫已有淡彩薄裝表現，所以色調由魏畫之強烈對照，轉變為明快悅目。這種方法，可能是模仿中原一種進步畫風，如謝稚、楊之華、展子虔等，用筆設色。元湯垕《畫鑑》稱「展子虔畫人物，描法甚細，隨以色暈開人物面部，神彩如生」。敦煌隋畫中人物，即用此種畫法。

這個時期之藻井圖案，富麗多變，為莫高窟各時代之冠，可能也受中原裝鑾影響。佛之背光，尚有用漢、魏鏡式鏤金描畫者，用來推想齊、梁文化之南方鑲嵌工藝之做法，是極可珍貴之例子。

隋代統治時期雖短，但政治上卻統一南北。文化藝術亦綜合漢以後南北發展之多種多樣形式。一切表現皆可謂之由六朝過渡到唐代之

橋梁。

　　而文帝好佛，開皇元年，詔復佛寺。至仁壽末，製造用金銀檀香夾紵牙石佛像至十一萬六千五百八十軀，修復舊像一百五十萬八千九百四十軀。煬帝亦鑄刻新像三千八百五十軀，修復舊像十萬一千軀。后妃大臣聞風興起，禮部尚書張穎捐宅為寺，造十萬軀金銅像。天台智者大師一生造像至八十萬軀。此時南北混一，故藝術作風又漸有混一的現象，改變元魏舊風，滲入南國之柔媚。故面貌益柔和圓滿，衣褶更重寫實，流麗柔巧，正是統一全國、類化中印後正常規律。故敦煌隋窟壁畫，是一承兩魏，惟骨體稍圓，開皇以後，則凝重純正，肆野之氣已絕，溫柔之風漸生，四十年中神采氣質之間與西魏卓爾殊途矣。其實此一變化之結果，到唐才正式結出。

　　中、印藝術接觸之結果，產出唐代偉大藝術。而此時中、印交通益繁，天竺畫摹本，來者益多，第一流畫人無不畫佛像，而且又莫不以壁畫為主（當時畫在絹或紙上者，實為例外），寺廟中莫不請大師畫幾壁故事。即如長安慈恩寺，閻立本畫大殿兩廊，張孝師畫塔東南中門《地獄變》，尉遲乙僧畫塔下南門千鉢文殊，吳道子畫文殊普賢降魔盤龍及塔北殿菩薩、塔北大殿軒廊、塔下兩門，楊庭光畫塔北殿內經變，尹琳畫塔下菩薩騎獅子騎象，鄭虔畫大殿東廊第一殿（白畫），李果奴畫大殿兩廊行僧，王維畫大殿東廊第一院（白畫），韋鑾畫松樹，畢宏畫大殿東廊第一院（白畫），幾無壁不是名家手筆，可見當時風氣。敦煌僻在邊陲，自然未必有這些大名手去過，然而亦是在此種風氣下長成，故並未與有唐一代風格分毫差殊。不論拾取敦煌唐畫之任何一角，皆可以看出其為成熟之中、印美術結合後產兒，而且必然是在魏、隋基礎上發展。以內容而論，諸經變作主題為此時最多題材，如西方淨土、東方藥師、彌勒報恩等十六種經變，場面雄麗，構圖緊

湊，敷彩設色，金碧輝煌，是一般情形。初唐還承襲六朝以來畫法，依然用筆遒勁果敢，大氣磅礴，表現在人物形貌上，多挺秀堅實，活潑生動，性格鮮明，處處可見是一種生發肯定氣象。作群像組織，設計上卻有新的發展，一反六朝以來以平面排列，進而為重疊堆集。主要在掌握人物種種動態，更具體而多變化。其長處，到中唐時壁畫更為顯著。尉遲乙僧、閻立本乃至於吳道子、陳閎等之畫風，影響到敦煌。（麥積山有吳道子作品）

《維摩經變》之維摩詰，照北魏以來中原各地相同時期石刻比較，大多是一種清癯病像，從容論道，猶充分保存六朝士大夫清談神氣。莫高窟初唐維摩像，卻已鬚髯如戟，恰是兩唐盛傳的太宗虯髯形像。圖中維摩榻前，一群異族之人，與帝王從行，一種博衣大袖氣魄昂藏，完全和世傳閻立本畫《帝王圖像》彷彿，可證明中原畫風西去。

即以樂廷瓌一家供養像為例，以推金題名，甬道南北壁間寫花柳綠茵為園林之境，供養人像高可六七尺，北壁男像四，後有持杖拂等侍從四人，南壁女像三身，後侍婢九人，這許多供養人像，正如新疆吐谷渾發現之唐畫婦女所表現之豐容盛鬋，明眸皓齒，渾厚融和之情狀，和敘錄上說到的張萱、周昉擅長綺羅人物相一致。用之與傳世宋徽宗臨摹張萱《擣練圖》裡士女比較，可以見兩者異同。

又如有垂拱二年發願文一窟壁畫，「佛龕內之《收伏外道圖》，尚間有魏、隋遺意」。又如一三三窟（張編號，下同）之各部落酋長聽釋迦多寶說法，一三六窟之《維摩問疾品》，一三八窟之說法像，俱為初唐精品。其風格厚重沉煉，雍容華貴，驚采絕麗，逐漸入天寶風度。又如榆林窟十七窟東壁盧舍那佛，南壁《西方淨土變》，北壁《彌勒變》，西壁左右文殊、普賢各一鋪，及四壁隙處之十六觀未生怨、釋迦諸菩薩等，皆可見與垂拱體法稍變，而神趣頓異，穠淆新異，實又過

之。供養人像，俱尚肥壯，作數尺高，亦前所未有。這是盛唐風度。說明印度藝術已熔入中國傳統而發展到最高點。

自從安祿山亂後，西北遂無寧日，吐蕃雲擾河西，大概此時有修養名手，必然都四散奔走，或且都向東逃，故敦煌壁畫的盛唐作風，從此斷然絕跡。而唐家天下，也從此多事。此後佳作亦不復能如開、天以前矣。

代宗十一年，沙州陷吐蕃後，與中原關係全斷。其時敦煌壁畫，體制雖一仍舊貫，「然筆漫意蕪，神荒氣率」，「間有清才，情文茂發，如三十六窟之經變，六十八窟之釋迦等，並為妙制，然猶病其外腴中疏，文高質虛」。唐代藝術，已走向漸衰之路。然而其中如佛涅槃像後弟子舉哀圖，用筆沉著，和衣紋手足畫法，都給五代和尚貫休所畫羅漢開一先例。

又諸窟中《維摩變》，有吐蕃贊普畫於各國王子之前者，此為吐蕃據沙州時作品。

晚唐唯一可數的，是張議潮夫婦《出行圖》，在繪畫藝術上，此種壯偉場面，都不是紙素上作畫之畫家所能為。人物繁密，骨體沉煉。在此遊藝行列中，反映當時社會的各方面，如統治者儀仗、樂舞、百戲、男女服飾、車輛、狗馬。對於唐代社會制度，為中國學術上提供許多問題與材料。

又從六朝孝子圖石刻棺和流傳本《洛神賦圖》，我們知道山水畫原來只是人物故事背景，而非主題，至唐代李思訓父子一派，青綠金碧山水出現，中國畫上的山水與人物，漸走上分工發展之道。

唐代壁畫用色，屬於佛畫天宮天物者，多金碧輝煌，莊嚴富麗，屬於人間社會，則異常逼真，一點一畫，都情感洋溢，表情活潑。技巧上則無論人鬼鳥獸都能用線和色恰當表現。充滿生命，富於人情，

反映時代藝術家在社會裡和中原同時代畫家一樣，有較高的社會地位。能得到廣大群眾敬愛，既豐富沙漠中人民善良情感，又能給新中國人民藝術工作者以一種教育，一些鼓勵。

唐代藩鎮的發展，形成了五代軍閥割據局面，不斷戰爭，藝術亦普遍低落。在中原一帶此情最重。以敦煌而論，則情形又稍有不同，這便是瓜州歸義軍節度使曹議金世守河西，以迄於宋，人民藝術家尚能在曹氏祖孫父子統治下工作，所以曹氏營建之多，前所未有，尚保存有不少精美作品。但就一般而論，承襲晚唐衰敝之風，已無法振起。風骨呆滯，情采黯淡。但顏色華麗，尚承唐風。線條已由鐵線描漸變為蘭葉描，是五代一個重大轉變。作佛菩薩像，或因唐代粉本，可以取法，猶有生氣。例如供養人像，猶有作大排場者，與張議潮《出行圖》相似者，比宋以後雖有時有風力新俊之作，但終不及魏、隋的磅礴雄厚，唐代富麗奇巧，博大精深。題材方面只有簡單的千佛像，而無經變圖。雖有圖案美，已不見活潑之社會性，大概五代以後藝人書畫，已習在絹紙，而不習於立壁之作，此一代風氣之變亦自有原因。元代以一個新興之民族入主中國，應有許多新生表現，但他被類化於漢民族傳統文化之下，新生之風，倏然而逝，所以元初還有生氣勃勃之作，中葉以後遂衰，且其題材多密宗佛教畫，與人民實生活更遠，故明王一類面貌，是醜惡的，而且畫幅只限於小局面。但有幾件也值一稱：一、設色鮮美；二、鳥獸圖極活潑；三、千手千眼觀音用濕壁畫，可能受西方文藝復興畫法影響。明代守嘉峪關而不從事於西域，故千佛洞無新洞。

大概中、印藝術交流，其光彩已在盛唐放發無餘。中國藝術傳統與印度藝術作風方法熔為一爐，不能再分。而藝人用盡其智慧，發揮到最高境界，結集為盛唐諸作。五代以後已無法推陳出新，即使摹仿

亦已不可能。而更新之方法方式未入，風習又已轉變，故風力因以日下。

　　由上面自魏至宋、元的敦煌美術看來，無一時代不在隨人民生活現實而變。而吸收印度作風最後結果，亦是依吾族傳統愛好而類化之。魏、隋是起點，唐是結集而放光彩之點，宋以後是衰落點。

　　上面是依時代來分別說明敦煌壁畫所受印度美術影響，因而與中國傳統藝術所發生的融化、類化程度不同之作風，是從縱的方面言，現在更就各內容表現，綜合而介紹之，亦大有助於了解此一份瑰寶。

　　唐人壁畫，已有白畫，但在敦煌全部作品中，不僅唐以前、宋以後無白畫，即唐代也無白畫，一律是有色的，不僅是佛像供養人像有色，即山水樹木、房屋、樓閣都莫不上色，而且都極濃厚，顏色用礦物質最多，植物色即使是宋以後也少見。故有部分保護得好的壁畫，雖已千餘年，而色彩如新。且畫底緊在石灰面上，也往往先著淡紅淡赭色，然後再畫。大概古人名家畫壁，用線條把輪廓細部一齊畫好，然後由弟子或熟練的工匠，按照一定的規矩加色。

　　至於就用筆來說，即使粗獷如北魏亦相當工細，一筆不苟。而唐畫為最緻密而有風姿。宋畫工緻者有時超過唐畫，但風姿韻味時有不如。

　　又畫中布置比例，不一定都照投影規律，往往存在寫意部分，故常有人比樹大、花比頭大、纖比屋大情事。又如供養人中地位高的人比地位低的人大，佛菩薩比神大，神比鬼大，神比人大，自各有其象徵作用，不能純以理論為說。

　　每洞的正面，必然是畫一幅正式佛像，以釋迦佛為多，兩旁是佛弟子。此外則千手千眼的智慧佛，觀世音、藥師、文殊、普賢像亦特多。後面必飾以背光，背光有飾以光紋者，火焰者。背光之外再飾以

幡幢。左右或畫諸神，或畫飛天，或畫山水樓閣雲彩。且有飾以耐冬花、荷花等。而耐冬花、荷花等又作為圖案，加在四圍邊際。

左右兩壁近佛像處，多數畫佛故事：出身故事、修行故事以至於涅槃故事。亦有畫成佛菩薩行列，一一立著者。

亦有不少密宗畫，如大威德嘛哈伽拉綠度母等，大概以元以後的窟洞為多。

供養人的像，一律畫在洞口甬道之壁上，或正面壇下，左右壁下截，從二三人到十幾二十人不等。供養人必分主從，如張議潮各洞，曹議金各洞，是以張、曹夫婦為主，而其子若媳為從，主在列前而從者列後。後面又必有男女侍從，大體男在左邊，女在右邊，每邊十餘人。供養人衣著冠帶珮飾，乃至於男女侍從之衣著冠帶珮飾，及婦女面飾，一律是當時時裝，此皆為極好之歷史材料。畫成以後，各人用紙條簽了名，加上銜條，用膠貼因於各人像旁，如唐洞裡有一西平王李晟供養一洞，畫他全家大小，共二十餘人，以李晟夫婦為主，男在左壁，女在右壁，皆唐代貴族階級禮服頭面等。除李氏夫婦用朝官頭銜外，男稱某郎某郎，女稱其娘子。唐代文物制度，都可以清楚看出。即以服裝而論，若把各時代供養人服裝安排研究，可以成一部《中國服裝史》。又如有一幅太子問病壁畫，各國太子各穿制服：于闐、印度等國太子，高鼻深目，可以分明看出。奇裝異服，更是難以數清。男者如今日西服，女有如今日旗裝者，又幾可作為「中亞細亞人民服裝史」之材料。

又在洞門高處，或在正面佛像一壁之下，或佛龕之下，或在左右兩壁的高處，尚有橫幅旅行圖，有描寫去印度迎佛之僧侶使臣，亦有來東方學藝者，有販絲織品紙張之西商，販入寶石香料之中國商人。車拉馬馱，人擔乘騎，行者息者，帳中睡者，樹下坐者，男男女女，

老老少少，莫不齊備，而面貌服飾又都各各不同，正是中古時期中亞大道之旅行圖，亦為人種展覽圖。可見當時交通盛況與交流情形種色。

亦有行樂圖，冠蓋紛垂，僕從如雲，犬馬精壯，儀仗紛陳，侍女娟好，僕夫孔健，雜以山光樹色，民情風習，表現得淋漓盡致。

吾人試更向上看，天花板上亦都布滿了各種圖案，有以動物組成者，如龍、鳳、龜、蛇、獅子、大象等類；有以植物組成者，如耐冬花、荷花、菩提樹等。亦有以方紋、圓形紋、流雲紋組成者；有各種特殊不可名狀的圖案等組成者，包含得有中國式、印度、希臘、羅馬式，乃至於許多中亞細亞風習，是很費人研究的。

地面本也有圖案，但大都已踏壞，僅能於龕底壁腳時見一二。

除了壁畫而外，石窟中還有大批在絹上、布上乃至於紙上畫的物品，以屬於幡幢者為最多。所畫簡單者多。大概為單軀或很簡單之佛像、觀音像、天王像、藥師像、供養人像等。幾乎全部為斯坦因所劫掠，不僅國內少見，即伯希和以後諸人也很少劫獲。又有繡像、繡花諸品，內容與絹畫相似，為數更少。繡的針腳雖然並不細，但設色鮮豔，神采生動，亦足以說明吾人美術遺產之光輝。千佛洞唐繡觀音大士像，幅長及丈，寬五、六尺，現藏不列顛博物院，上繡觀音、善財及韋陀，皆極壯麗。（我不知是否有緙絲。在斯坦因的《千佛洞圖錄》中，頗有可疑之件。）還有刻本的佛像，應是世界最早的木刻美術。

我們上面已把敦煌壁畫大要敍述明白，但這個多則千五、六百年，至少也有九百年歷史之寶庫，至今已有變化，尤其是色彩方面。除人為的而外，亦有其自身內在之因素，為自來諸家所不能言，而謝稚柳氏能言之，且說得扼要而的當。現在錄一段於下，以作此文之結：

　　莫高窟自樂傳建始，迄今為一千五百有餘年，自隋為一千三百餘年，自唐為一千三百年，自五季為一千年，自宋為九百餘年。既去古之已遠，今日猶得留連展觀於其下，可謂難能矣。世異時移，天時人事之變，莫能免其損壞剝落，顏色褪變者十居八九。今日壁間諸畫，無論佛菩薩鬼怪與夫供養人像，十之三四為灰黑色或棗黑色，十之四五為彩色。半為灰黑色者，元魏人好作夜叉，夜叉裸身，有作肉色或綠色者，復有一種灰黑色，其身體手足邊緣之黑色，闊壯如帶，一若其鉤勒行筆，豪放若此者，實則為畫時所作之底。乃敷色之深處，以此分屈曲肥瘦，其外層粉與鉤勒，並已不見，今顏色盡變，其深處，其色黑，其淺處，其色灰，此即為肉色所變，實無灰黑夜叉也。灰黑色為銀硃與白粉所變。肉色乃銀硃白粉相合而成。古時俱用重色（曠物質），重色中之青綠朱黃，永不變色，惟銀硃與白粉俱能變，白粉變黑，銀硃亦變黑，白粉與銀硃合變黑，乃至青綠朱黃與白粉合，則青綠朱黃俱變黑。白粉銀硃亦有不變者，此則為偶然，非常理也。今窟中諸畫，凡灰黑與棗黑者，俱係變色，非本來面目矣。

二　塑像

　　莫高窟塑像，自魏至清，所存為二千四百十四軀。即使清代不計，也在兩千軀左右。不僅是中國任何地方所不能有，亦為世界塑像之大寶庫。

　　莫高窟塑像，是每窟都有。每窟開建塑像為一主要意義，壁畫還是配件。但每窟塑像的數目，視窟之大小為定，大致最小窟必有本尊一軀。此外有三軀者，則為本尊、迦葉、阿蘭。有五軀者，為本尊、

迦葉、阿蘭及二護法神。其最大者為九軀，為本尊、迦葉、阿蘭、文殊、普賢、觀音、大勢至及二護法神。亦有塑像涅槃者。其像大者，即世所謂「九層樓」，有一三十三公尺高的坐佛，頭手足都經近世重修。又如有曹元忠題記一窟，有高至三十六公尺的佛像。有名「大佛洞」者，其中有二菩薩坐像，為莫高窟菩薩像中之最大者。中小型以下塑像，不可計數，但這些像因了風沙等天然關係，及人為的損毀等關係，頭臂手足殘毀者至多。經後來重修，到王道士來，又往往改佛像為道像，所遭毀壞，亦復不少。所以莫高窟完整保持原塑之魏、隋、唐、宋塑像，並不到上面所舉數目。有身是魏、隋，而頭面已是宋、元、清。有某一部分是後人配修。全洞保持原構完好者，大體不過十之二三。其中如一九三洞（用張氏編號，下同）、一九九洞、一九七洞、二〇七洞、二一二洞、二一三洞、二四〇洞已是完好的魏洞之僅存者。其中亦有許多道教像，大體都是改作，如一五二洞、一五九洞、一六五洞、二七一洞、一七三洞等都是。

　　至此類塑像作風，與壁畫完全一致。北魏塑像與北魏壁畫相一致，唐的塑像與唐壁畫相一致。故不多說。

　　但在研究上說，敦煌塑像尚有一種可以相為比較之材料，為必不可少之對勘。即屬於河西者，有昌馬東千佛洞、玉門縣紅山寺、酒泉文殊山、張掖馬蹄寺，屬於隴右之永靖炳靈寺、天水之麥積山、涇川縣之石窟寺、邠縣之大佛寺，再東則為大同與洛陽兩處之石刻佛像。以年代而言，敦煌雖然都前於此等地方，然而在藝術的發展上看，相差此少許年齡，極為微細，將大同、洛陽等處雕刻藝術精神尋到，則敦煌塑像作風，亦思過半矣。譬如大同、洛陽雕刻，顯然是受印度阿旃陀（Ajanda）石窟製造影響。在初期刻制時，或者只是從傳聞中得來，後來自印度得圖樣，且得印度僧人之協助，形成這樣一種中、印

合流藝術作風，可以說明。連繫到新疆諸石窟，同孝堂山、四川廣元等，都與敦煌是一脈流衍。若將河西涼州一帶石窟寺的雕刻，與敦煌、雲岡相較，則涼州恰可作兩者間之橋梁，而隴右、北蜀，又是敦煌、雲岡之後繼。其衍進痕跡，非常明白。

塑像的內容，是比較簡單一點，此處不再詳說。關於雕塑部分，日人大村西崖《支那美術雕塑編》，頗有精到處，可參閱。

現在還要附帶介紹一事，莫高窟到現在為止，尚殘存唐末與宋時木構窟橑，此亦中國木構藝術最古遺物了。

本來中國建築，以木構作骨架，此與一切藝術相一致，將畫面主要點，用線條建立一骨骼，亦即是建立一個全部精神力量，而使用象徵的寫意筆調，同時亦即是全部建築力學支點之所在。此後的發展，莫不因依著此兩事（以骨骼與形式包含象徵的意識，與力學支點的作用）而前進，而在此基礎上，建立若干種美術上結構。故在一切藝術之中，保存中國傳統精神、民族形式，而基本上不受任何一種外來建築的代替式的影響。自戰國所見的圖樣，到兩漢，到六朝，到隋、唐，一直到現在，都莫不然。（此處原從一架一架的房屋建築而言。若就房屋在院落中的布置及房屋與園林的關係等，此事亦至明白。但非此處所需要，故不言。）但它並不停留在任何一階段，換言之，每個時代，也都敷上一層那時代民間愛好之裝備與作風。所以其歷史進程，亦為是文化發展尺度。（參看梁思成的《古建序論》及《敦煌壁畫中所見的中國古代建築》兩文。）

敦煌所有六個唐以後及宋人木構窟橑，現在都已經修復。但為使人了解其內部組織，我寧採用《文物參攷資料》五五年二期上陳明達同仁的《敦煌石窟勘察報告》中窟橑概況一段，因為這是實地勘察的科學性報告。

　　余輯《敦煌志》時，各類分別為綜說，卷子藝術，用力最勤。即解放後失業而債務亦至紛雜，乃急與出版社商量，遂拆散全志為四書，凡綜論皆入《文化寶庫》而譯為散文。上歲編《敦煌論文集》已備，寫藝術為一文至枯澀，無書供搗撦。六月通理舊稿，忽於伯希和敦煌藝術篇中得此文，猶然四十年前舊本也。大喜，遂以之附於論文集之後。其他諸篇，度可能尚在人間，姑記此以待之。更以此文與《文化寶庫》核對譯述，蓋逐字逐句為之，此固全舊習如是也。

敦煌學必須容納的一些古蹟文物

　　在許多地方，把敦煌學的範圍只限在經卷與壁畫、塑像等方面。
這只是指敦煌學的主要方面，但它不是孤立的，也不能從孤立來看問
題。每一種學術必定與許多方面有交叉點，這些交叉點又是與主要部
分切近的，往往不能分割，交叉得愈遠的，可能又成為一種可以獨立
的科目。所以舉一種科目為中心，圍繞著這個中心旋轉的，不知有些
東西會與此中心交叉，交叉遠了，必然又成為第二個中心。敦煌學的
中心主題，自然是經卷與造型藝術，然而與其地（敦煌）其事（內容）
的歷史因力、社會關係、環境情態，同這個中心交叉上了，則交叉得
近的，自然加入了這個中心，稍遠一點的，也得是從屬於這個中心。
更遠則從屬的關係愈淺。因而要較詳的規定敦煌學這個中心，則與敦
煌關係的文物，也應歸入敦煌學，或從屬於敦煌學。我粗略地想一
下，至少限敦煌地區所發現的漢竹簡，漢以來的「絹」、「紙」、軍用器
（屬於漢以來戍卒使用的），及一切雜器物、寺塔乃至於長城的磚石
等，都是敦煌學中不可少的從屬品，都成了這個學問綜合考查與研究
不可或缺的資料。從原則上說，敦煌學是中國文化中的一個寶庫，所

以這些屬於中國文化史上曾經存在的文物，點點滴滴也是與敦煌學有血肉關係的。

這並不是我想把敦煌學研究的範圍擴大，這是理所當然的事。

至於我在另外文章中提到的新疆高昌等地出土的文物，也應從屬於敦煌學，這個課題也是很明白很自然的事了！但此事國人似已多少有些認識，這得要歸功於黃文弼君蓽路藍縷之力。

現單就我上面說的竹木簡、絹、紙等數事，略為記述一下，以為國人之關心於此學者告。

一　漢晉竹木簡

敦煌一地，在西漢經營西域三十六國，已成為軍戍重地。是漢文明與西域文明交鋒的第一站，西去數十里，所謂玉門關，關外即西域之地。自西漢至兩晉，最初是兵爭之地，戍卒聚屯之所，繼而是中亞細亞與中國文化經濟交往的初期，這是西域文明與中國文明的接觸時期，到了唐代又成為中西交通的要道，為中印文化交流最盛時期。所以這個地方，在中古以前，是我們文化的輸出與印度及西方文化的輸入的紐帶。竹簡、木簡正是漢晉間的軍事文化的遺存。

漢晉竹木簡的發現，是英人斯坦因所為，在他的《西域考古圖記》（Serindia）記載得最詳細，原來斯坦因在第一次從敦煌盜走經卷後，就聽說西北有古文物，他準備作第二次西北考古。他從新疆由東向敦煌進行，進入玉門關後，在敦煌北境的疏勒河終點，河床之旁三哩之遙，發現一座碉樓遺址，又發現了橫過低地的一道城牆，從疏勒河向東至少有十六里之長，沒有間斷，從這牆的遺址、外形、本質及附近遺物，他斷定這是古長城（據王靜安先生考訂，此當為漢所築長城而

非秦所築，蓋秦之所築西迄臨洮，漢武帝時，匈奴渾邪王降漢，以其地為武威、酒泉郡，後又分置張掖、敦煌郡，始築令居以西列四郡據兩關焉）。他在這個城闕牆頂葦桿捆中，發現一小絹，又得五片插畫絹殘片，殘木片，及有魯了氏布一匹之小木片。（他後來調查此斷續城牆直抵額濟納河，全長達四百哩以上，正與中土記載相合。）他又在近碉樓小屋遺址中，得若干片有中國字的小木簡，字中有許多是有年代的，大都是西元後第一世紀，這些文書，應是中土寫本文書中最早的寫本，其可貴可想而知，但其內容差別極大，有關軍事統治簡單報告，及收受器械給養一類物件的報告，及私人通訊，以及書法練習等。

在一切碉樓裡他都得到遺物，但最多的是在長城線後面二哩多，大概是個軍隊支部的小驛站。在此室內得的木簡，大概是官員用的，其中一片記有漢宣帝地節二年（西元前六十八年）五月十日。又在此遺址的斜坡上垃圾堆裡，僅一方哩之地，多有字木簡達三百片以上，屬於宣帝元康元年至五鳳二年（西元前六五年至五六年）。此等文書有重錄或稱引關於敦煌地帶建立屯田區域，以及建造亭障或城牆以保邊的詔諭，又有沿長城線之軍隊組織各各不同的隊名，亦有關於長城及其他各部分各烽燧的報告與命令，有些文書亦說到「土官」名稱，此足以說明兵籍中，亦有非中國的官兵。有一作為符節用之簡牘，上書古撒馬爾汗與布哈拉通行的古窣利語木簡，其他尚有元康三年（西元前六十三年）、神爵三年（西元前五十九年）、五鳳元年（西元前五十七年）的精美曆書，及一段《急就章》。

又在玉門關東五哩左右得一堆木簡，其中有關敦煌沙漠田輸送糧食及衣服等物。

又在防守長城西頭的碉樓附近，得一大塊有字木簡，上面有太始三年（西元前九十四年）的年號。

　　這些木簡的形式，最普通的大約有九吋半長，四分之一到半吋寬，每行寫三十字以上。所用木材除光滑細膩之木片或竹片外，亦有粗糙的紅柳樹作不大正式書寫之用。木簡上有許多刮削過的痕跡，可見其昂貴，來之不易，故一木片往往一再刮削而使用，又自此等大量木簡，及一切雜亂物件中，及文書的內容，細檢所示此等戍卒的將士，大半是犯了罪的，遠戍絕塞。

　　關於這些竹簡木簡的發現，及大類的分析解釋，在斯坦因《西域考古圖記》中，都有詳細記載。至每一簡的解釋，及其有關史地的考證，則以法國沙畹博士的考釋為最早，在一九一三年印行於倫敦（沙畹釋竹簡之作，先見於斯坦因第一次報告附錄中 Ancient Khotan, pp. 521-547, Appendix A. Chinese Document from The Sites of Dandan-uiliq, Niya and Endere, translated and annotated by Chavannes）。後來王國維先生與羅振玉先生兩人，又為之重行考訂成《流沙墜簡考釋》一書，遂成為此一學的中流砥柱。友人張鳳天放佐沙畹成書，亦至為有功，此後國人奮起，成就亦不少，詳見我的敦煌學書目簡牘一部，茲不詳。

　　此下應一談簡的內容，其重要性，因談者多，而複雜紛亂的情況，是非常難於分析，難於周偏的，現在姑且舉王靜安先生敦煌所出漢簡跋一以為例，這是足以證史、補史，說明一些制度的文化史上極為重要的問題的文章。

　　制詔酒泉太守敦煌郡到戍卒二千人發酒泉郡其假□如品司馬以下與將卒長吏將屯要害處屬太守察地刑依阻險堅辟壘遠候望母（第一簡）
　　上闕陳邱適者賜黃金十斤□□元年五月辛未下（第二簡）
　　右二簡書法相似，又自其木理觀之，乃一簡裂為二者，第二簡「斤」字之半尚在第一簡末可證也。此宣帝神爵元年所賜酒泉太守制

書。《獨斷》云：「制書，其文曰制詔三公刺史太守相」，又云：「凡制書有印使符下遠近皆璽封，尚書令重封」，故漢人亦謂之璽書。《漢書·武五子傳》元康二年，遣使者賜山陽太守璽書曰：「制詔山陽太守」，《陳遵傳》宣帝賜陳遂璽書曰：「制詔太原太守」，《趙充國傳》上賜書曰「制詔後將軍」，下文目為進兵璽書。則璽書之首例云制詔某官。此簡云：「制詔酒泉太守」，則賜酒泉太守書也。按《趙充國傳》：「神爵元年，先零羌反，遣後將軍趙充國擊之。」（宣帝紀在四月）酒泉太守辛武賢奏言：「屯兵在武威、酒泉、張掖萬騎以上，皆羸瘦，可益馬食，以七月上旬，齎三十日糧，並出張掖、酒泉，合擊罕、𢆉在鮮水上者，於是即拜武賢為破羌將軍」。（宣帝紀在六月）以書敕讓充國，曰：「今詔破羌將軍武賢，將兵六千一百人，敦煌太守快，將二千人，長水校尉富昌、酒泉侯奉世，將婼、月氏兵四千。亡慮萬二千人，齎三十日糧，以七月二十二日，擊罕羌，入鮮水北句廉上。」云云。後從充國計，兵不果出，均與此詔情事合。但此詔下於五月辛未（二十一日），尚在武賢拜破羌將軍之前，此時酒泉太守即係武賢。又其時敦煌戍卒已至酒泉，武賢奏言屯兵在武威、張掖、酒泉萬騎以上可證也。後從武賢大舉之議，故敦煌戍卒二千人，別以敦煌太守快領之，此時太守未行，故令司馬以下與將卒長吏將屯要害處，受酒泉太守節度也。司馬與將卒長吏，皆統兵之官，將卒長吏即將兵長史，古史吏二字通用，《漢書·百官公卿表》，郡守有丞，邊郡又有長史，掌兵馬，秩皆六百石。《續漢書·百官志》：「郡當邊戍者，丞為長史，是邊郡有長史，又稱將兵長史。」《後漢書·和帝紀》：「永元十四年五月丁未，初置象郡將兵長史官。」《班超傳》建初八年，拜超為將兵長史。（《章帝紀》稱為西域長史。）《班勇傳》：「元初六年，敦煌太守曹宗，遣長史索班，將千餘人，屯伊吾。」蓋皆敦煌郡之將兵長史也。後延光二年，以班勇為

西域長史，自是訖於漢末，常置此官，以領西域各國，如都護故事。實則本敦煌郡吏，後乃獨立，不屬敦煌。然長史之名，猶郡吏之故號也。此詔乃神爵元年物，已有將卒長史。後漢謂卒為兵，故稱將兵長史，其實則一也。云神爵元年五月辛未下者，亦制詔舊式。《隸釋》中常侍樊敏碑所載詔書，末署延熹元年八月廿四日丁酉下。魏下豫州刺史修老子扁詔，末署黃初三年十月十五日□子下。木簡有新莽詔，末署始建國三年五月己丑下。皆是也。此詔本下酒泉太守，其出於敦煌塞上者，蓋由酒泉傳寫至此也。

像這樣重要的當然不多。但從另一個角度看，也各有其重要性，所以能引起學術界各方面的重視，是當然的事。

二　絹與紙

斯坦因在一座烽燧遺址上，得古絹一段，上書漢字與婆羅謎文，這當是絲綢之路道中必然有的遺物。絹頭子上，備具產地，及每一疋的大小產量，這是種商品，說明貿易的情形是很準確的。敦煌藝術品中有絹幡畫，則絹又可作為繪畫書寫而使用。

紙　斯坦因又在一座長城的烽燧塵集之中，發現了八封乾乾淨淨用古窣利文字體寫在紙上的書信，有些用絹包裹，有些用繩纏縛，是一些中亞一帶商人到中國來做貿易，到中國以後發回私人的信，他們顯然喜歡用新發明的紙作書寫材料，而不喜用中國人所墨守的竹木簡，這也說明中國文化上的發明發現，而且已成為商品，可以隨意購求。敦煌文書所大量用的紙，是更為後世的進步之物，而其原始的出品，也在絲綢之路上出現了。這在中西貿易史上是件大事，而在整個

人類文化發展史上，中國紙輸出西方，更是件了不起的大事，與指南針、火藥都是我們這個民族對人類的最大貢獻。

三 軍用器物

斯坦因在一個烽燧遺址中，得到一束紮著的小盒，中置帶破斡羽的銅箭鏃一枚，用同近代軍事術語相合的當時公文語氣來說，是：

破箭一支歸庫另易新者

在古長城所得木簡中，記載換發新弩歸還舊弩者甚多。他又在城牆及烽燧附近，拾得許多青銅箭鏃，還有一個盒子上，有一塊木簡寫明：

玉門顯明燧蠻兵銅鏃百完

別有一小箱，箱蓋上寫明：

顯明燧藥函

這顯然是軍用藥箱，說明中土古代行軍的後勤準備之詳盡。

四 雜器

斯氏得一量器，形同鞋匠足尺，上刻漢代尺度。又有一些木印盒，上有小槽排列，可用繩束縛之。此外斯氏所記尚多，此不具舉。

　　所有此等木簡及絹、紙、器物，論地點都屬於敦煌區域以內，以時間論，又下接魏晉六朝，都是同一類型的文化所孕育，應當算入敦煌學內。上接漢以來的宏流，承繼顯白，無庸詳言。文化是不能割斷的，則敦煌文化，足以承襲六朝以來，乃至秦漢文化的體系，這是究心文化史者所不可忽視的。

　　總結以上的文物，與莫高千佛洞、榆林的經卷與造型藝術，這些全部寶物，組成了全部敦煌學的豐盛偉大的內含。

　　這個豐碩光彩的內含，包涵了北中國兩千年的文化發展民族興衰，也交織著一切與西北民族同流共流的血肉關係，與印度西歐，乃至舉世全民族的關係，由中西交通的情況，闡述了文化傳播的概況，而其具體所表現的，是我們祖先的輝煌的藝術文化的成就，吸收類化外來文化的能力，及其民族的一切偉大的發現，偉大的創作，藝術、宗教、哲學、史學、人文科學，乃至自然科學的精金美玉，無處不表現我先民的豐偉業蹟，不在一切民族之下，他的一切創作發現，無一不影響全人類的幸福生活，正是我們值得驕傲的，也是我們應當發揚光大的一筆遺產。我們要踏著敦煌的基，建設我們光輝美滿的社會。從另一角度看，也要在了解和鑽研敦煌學的過程中，把過去百年來，帝國主義侵入後，我們民族所受到的恥辱，在學術領域裡予以清算，從而恢復了我們民族的自信心，把一切自卑感全部消除。從這些意義說來，敦煌古典文化的一切，正是值得我們重視的。

　　（原載《西北師範學院學報》1982 年第 4 期，此據《敦煌學論文集》，上海古籍出版社 1987 年版）

後記

本卷共錄姜亮夫先生著作十二篇（部），均係姜先生的嘔心瀝血之作。編者之前讀姜先生的書，關注的是敦煌學的知識，覺得從每一篇文章裡都可以汲取豐沛的知識養分。在這次編校過程中，我則更加注意姜先生自述的治學經歷和感受。在敬佩姜先生豐富學識的同時，更為姜老的人格魅力、愛國熱忱以及對後輩不遺餘力的愛護所深深感動。

姜先生把入門敦煌學歸結於自己所受的教育和治學旨趣。師承王國維、陳寅恪等國學大師，姜先生的治學精神也必然受到潛移默化的影響。在尚未接觸到敦煌卷子時，姜先生就經常聽到王國維等老先生提到：「某個東西敦煌卷子裡邊有，你們去看看罷！某個東西敦煌卷子裡邊也有，你們去看看罷！」熱忱好學的姜先生便常到圖書館翻看有關敦煌的資料，也由此開始對敦煌產生了興趣。

姜先生出生於一個思想先進的知識分子家庭，父親是雲南東部昭通十二州縣光復時的領導人之一，年輕時就接受梁任公、章太炎先生的影響，是非常愛國的人。姜先生回憶：「他平常教我愛國思想，從小就要我讀格致教科書等科學知識的書。……我一生之所以有一些愛國

主義思想，恐怕要數父親的影響來得大。」父親的言傳身教，使姜先生從小就受到良好的民主愛國思想和文化薰陶。也正是他的拳拳愛國之心，使得姜先生在法國巴黎「看了幾十個博物館後，決心把中國的文物搞回來」。後來在日本侵華飛機轟炸至為凶殘的日子裡，在逃難途中，姜先生還能夠把所得的卷子，分類寫成總目。「把殺敵精神，用在對敦煌經卷研究的拚搏上去，是我在抗戰中的『責任』。」我想這也是姜先生在艱苦歲月裡，堅持整理研究敦煌經卷的動力之一吧。

先生在《敦煌學概論》中提到，自己是個很「遲鈍」的人，同時又有種「戇勁」，正是這兩種品格，造就了姜先生對敦煌學的熱愛和堅持。《敦煌學概論》中的一段自述可以體現出姜先生高尚的人格和品性：

我自己覺得是一個很遲鈍的人。也因為遲鈍，才引出幾件事情來。其一是我一輩子不做欺騙人的事情，一輩子讀書都是規規矩矩，老老實實，從頭做起，不敢偷懶的。也就是說自己知道廉恥。孔子曰：知恥近乎勇。因此，我在學術研究道路上，就有一種毫不為人所難的脾氣。三十年代，在很艱難的條件下，靠教書積攢起來的幾個錢，到歐洲去。假如沒有這個戇脾氣，我自然也不會鑽進敦煌學，因為那個時候，我沒有地位和經濟支持。等我到了巴黎，看過幾十個博物館以後，才下決心把中國文物搞回來。為此，我連從巴黎大學得博士學位的機會也放棄了，聽從王重民先生的話，加入他們的行列。這個行列，當時在歐洲祇有三個人：王重民、向達和我。他倆是以公費到歐洲去的，我卻是自費的。因此，我奮鬥的範圍是比較小的，王重民先生分我搞漢語音韻，我自己稍微擴大了一點，也搞儒家經典、道家經典等卷子。假如我不是戇頭戇腦的話，哪個不想得個博士學位歸國呢！生性使我這樣。

姜先生「規規矩矩」、「老老實實」的讀書，同時執著於學術，用自己辛苦教書賺下的錢到巴黎學習考古學。而在王重民先生的引領下看到了藏於巴黎的敦煌卷子，認為極有價值，每天早出晚歸，廢寢忘食，由此開始了敦煌卷子整理工作，甚至為此放棄了巴黎大學的博士學位。這樣的犧牲在今天來看簡直無法想像。這種「戀」還表現在姜先生回國後整理敦煌卷子時，不惜目力地抄寫清稿。每天除教書外的八至十個小時都在一個字一個字地摹寫，以致全部摹寫完成後，近視竟增加了六百度。姜先生晚年視力衰減得非常厲害，亦當與此相關。姜先生自認為的「戀頭戀腦」，其實是對敦煌文獻的熱愛和使命感使然。

姜先生自認脾氣「戀」，卻對青年後輩非常愛護，他曾說：「我也有缺點，一生脾氣很戀的，到處和人家不合。……我不大連繫群眾，但是，我一生職業是教書，所以，我對青年是熱愛的。為了青年，再大的苦我都吃得，這也是我的脾氣。」姜先生是第一位在高校開辦講習班的大師。敦煌寶庫博大精深，姜先生急切地想讓更多的青年了解敦煌學，進而研究敦煌學。《敦煌學概論》就是根據他一九八三年在杭州大學（1998 年併入浙江大學）開辦講習班的講課錄音整理而成。姜先生開設敦煌學講習班，撰寫普及性的讀物與教材，既開了我國高校培養敦煌學專門人才的先河，也是讓更多的學人感受「世界學術新潮流」的有益嘗試，這不僅是敦煌學史上的華彩篇章，也是浙江大學對敦煌學界的首創之功。

姜先生曾自審敦煌學的研究業績，認為大部分成於教學餘暇之時，亂離逃竄之中。從巴黎回國時，已是七七事變前夕，路途坎坷遙遠，危險重重，從歐洲繞至西伯利亞，再從滿洲里回到北京，同行即有遇害者。姜先生幸運逃出，而剛到天津，七七事變爆發，進而戰火席捲全國。姜先生帶著從法國運回來的書和照片，在蘇州一個小旅館

裡，開始了最初的校錄工作，完成劉半農先生《敦煌掇瑣》的勘校，並對敦煌卷子裡的韻書部分進行全面整理。而後，姜先生跟隨東北大學從北京到西安又至四川，用三年的時間寫出了《瀛涯敦煌韻輯》，同時也完成《敦煌志》的撰寫。可惜，這部姜先生極為看重的書，大部分為戰火所毀，只有總論部分改寫為白話文出版，這就是我們這卷文集的主體部分《敦煌——偉大的文化寶藏》——姜先生最早成書的敦煌學專著。其內容主要分為兩部分，一部分是對敦煌簡史、敦煌石窟形制和建築史、敦煌學及其在中國學術上的價值四個方面的簡要介紹；另一部分是對敦煌的造型藝術、佛教經典、道教經典、儒家經典、史地材料、語言文學材料以及科學材料的基本內容和學術價值的分類介紹，並附有數十幅敦煌石窟塑像、壁畫和寫本圖片，全書圖文並茂，從各個角度闡明了敦煌石窟和藏經洞出土文獻的豐富內涵，一出版即受到廣大讀者和學術界的關注和重視。

《敦煌志》亡佚後，姜先生一直想再補。他曾經寫道：「將來有機會，我可能再補，但是，看看現在的身體，恐怕不大可能了，因此，希望別的同仁能把這個東西補起來。體例、規格，都存在於我的心裡，假使哪位同仁願意做這個工作，我把我的規格告訴他，我的材料也可以提供出來。」先生晚年身體不好，力不從心，病榻之上仍念念不忘為年輕人創造學習機會和條件，完成老一輩未竟的事業。

本書除了《敦煌學概論》、《敦煌——偉大的文化寶藏》兩大主體部分外，還收入了姜先生其他一些代表性文章，如：飽含姜先生情感的《我與敦煌學》、《敦煌學論文集序》、《敦煌小識六論》；論述韻書的《瀛外將去敦煌所藏韻書字書各卷敘錄》、《吳彩鸞書切韻事辯及其徵信錄》；對王國維和羅振玉兩位先生文章的補充之作《讀王靜安先生曹夫人繪觀音菩薩像跋》、《羅振玉補唐書張議潮傳訂補》；通過壁畫和

塑像兩方面詳細論述敦煌藝術的《敦煌造型藝術》；論述敦煌學文化價值重要性的《敦煌經卷在中國文化學術上的價值》；以及補充、拓展敦煌學研究領域的《敦煌學必須容納的一些古蹟文物》等。這十餘篇文章幾乎涵蓋了姜先生敦煌學研究的各個方面，雖然其中一些篇目早在半個多世紀前就已發表，但其內容在今天看來仍不過時，很有進一步認真研讀的必要。考慮到其中一些內容的特殊性，本書仍用繁體字編錄，除了原書排版上少數的錯漏字詞做了必要的改正外，其餘均保留原貌；因為所用資料及印刷條件的改善，對原著中一些不很清晰的圖版做了修飾，以達到圖文並茂的效果。

　　百餘年來，敦煌研究一直蓬勃發展、薪火相傳，姜先生以他有限的精力投入研究敦煌學、普及敦煌文化的事業之中，撰寫出了一系列的經典著作，為後世留下了極其寶貴的文化財富。這卷文集是姜先生在敦煌學領域研究與教學的結晶，內容豐富，深具卓識遠見，卻又語言通俗，以小見大，毫不晦澀艱深。這對初涉敦煌學的年輕人來說尤為重要，既可以從中學習到豐富的知識，又不致因讀不懂而產生畏難情緒。書中飽含著姜先生的愛國情感，體現了學術前輩的治學方法與經驗，也折射出高尚的治學精神和人格魅力，這些，對敦煌學的後輩們都是榜樣與激勵。

　　承蒙柴劍虹老師與薩仁高娃副館長的信任，讓我承擔本書的編錄、校對工作，我感到非常榮幸。對我來說，這是一個學習的過程，也備受鼓勵和鞭策。後學筆拙識淺，惶惶然寫下這篇後記，藉以紀念逝去的一代大師，也願與在敦煌學道路上繼續奮鬥的諸君共勉！

中國國家圖書館敦煌吐魯番學資料中心　常蕭心
二〇一五年十月

地域文化研究叢書・敦煌文化研究叢刊　A0204022

敦煌學論稿　下冊

作　　　者	姜亮夫
版權策畫	李煥芹
責任編輯	曾湘綾

發 行 人	林慶彰
總 經 理	梁錦興
總 編 輯	張晏瑞
編 輯 所	萬卷樓圖書股份有限公司

臺北市羅斯福路二段 41 號 6 樓之 3

電話　(02)23216565

傳真　(02)23218698

出　　　版　昌明文化有限公司

桃園市龜山區中原街 32 號

電話　(02)23216565

發　　　行　萬卷樓圖書股份有限公司

臺北市羅斯福路二段 41 號 6 樓之 3

電話　(02)23216565

傳真　(02)23218698

電郵　SERVICE@WANJUAN.COM.TW

ISBN 978-986-496-463-5

2019 年 3 月初版

定價：新臺幣 360 元

如何購買本書：

1. 轉帳購書，請透過以下帳戶

　　合作金庫銀行　古亭分行

　　戶名：萬卷樓圖書股份有限公司

　　帳號：0877717092596

2. 網路購書，請透過萬卷樓網站

　　網址　WWW.WANJUAN.COM.TW

大量購書，請直接聯繫我們，將有專人為您

服務。客服：(02)23216565　分機 610

如有缺頁、破損或裝訂錯誤，請寄回更換

國家圖書館出版品預行編目資料

敦煌學論稿　下冊 / 姜亮夫著.-- 初版.-- 桃
園市：昌明文化出版；臺北市：萬卷樓發
行, 2019.03
　　冊；　公分
ISBN 978-986-496-463-5(下冊：平裝)

1.敦煌學

797.9　　　　　　　　　　　108003201

本著作物經廈門墨客知識產權代理有限公司代理，由浙江大學出版社授權萬卷樓圖書股份
有限公司出版、發行中文繁體字版版權。

本書為真理大學產學合作成果。　　　　　　　校對：喬情／臺灣文學系四年級